JN440024

영감탱이로 살다

영감탱이로 살다

초판 1쇄 발행 2018년 6월 30일

지은이 이동민
펴낸이 이은재
편 집 권정근
디자인 이태호

펴낸곳 도서출판 그루
출판등록 1983. 3. 26(제1-61호)
주소 42452 대구광역시 남구 큰골 3길 30
전화 053-253-7872
팩스 053-257-7884
전자우편 guroo@guroo.co.kr

ISBN 978-89-8069-381-8

그루수필선 058

영감탱이로 살다

이동민 수필집

그루

책을 내면서

생업에서 은퇴할 때 노후 설계를 했다. 대학원에 진학하여 미술에 관한 논문 한 편을 남기려 했다. 수필집도 한두 권쯤 출간하려 했다. 그리고 요리 학원에도 다니려 했다.

그리고 십 년이 흘렀다. 대학원에서 미학미술사학을 공부했지만 논문은 남기지 못했다. 대신에 '조선 후기 회화사'와 '한국 근, 현대 서예사'를 출간했다. 수필집도 한 권 출간했다. 이번에 펴내는 수필집 '영감탱이로 살다'는 노년의 나를 돌아보는 의미도 있어서 여늬 수필집과는 남다르다. 그러나 요리 학원에는 등록조차 못한 아쉬움도 있다.

책 속에는 노년 생활이라고 여겼던 십 년 세월이 고스란히 담겨 있다. 젊은 세대들과 갈등도, 노년을 보내는 우리 세대들을 바라보는 시선도 담겨 있다. 세상은 이미 아날로그 시대에서 디지털 시대로 바뀌였는데, 우리는 여전히 지난 세월을 벗어나지 못한 데 대한 자성도 담았다.

나는 '노후'라는 말 대신에 '노년'이라는 말을 하겠다. 노후는 늙음 뒤라는 말 뜻 그대로 세월에 떠밀려 늙어 버렸다는 것이고, 노년은 나이가 들었다는 뜻으로 읽혀진다. 노년에 맞게 나의 생활을 설계해 보자는 뜻으로 노년 생활이라고 했다. 이번 수필집은 노년 생활을 설계하고, 살아온 나의 이야기이다.

지하철을 공짜로 타면서 세금이나 축내는 하릴 없는 늙은이라는 소리를 듣지 않으려고 내 나름대로 노력한 흔적들을 담았으며, 대학원에 다니면서 느낀 점과 좌절감도 담았다. 젊은이들과 접촉하면서 우리와 다른 사고방식에 분노한 적도 있으나, 그들이 옳다는 깨달음도 얻었다. 우리가 나이 먹는 만큼 세상은 바뀐다는 사실을 깨달았다. 세월에 떠밀려 어영부영 살지 않으려고 노력한 나의 자부심도 담았다.

2018년 6월에

이 동 민

차례

3

요즘은 그렇지 않아요

⋮

4

잘 사는 게 뭐지?

⋮

1
청보리밭을 아십니까?

노인이 되고 나서 풋풋한 젊은이에게 열등감도 느끼지만,
아무래도 커피집에서 맛보는 분위기보다는 청보리밭에서 느끼는 정서가
더 나을 듯하다. 이것만은 젊은이를 부러워하지 않겠다.

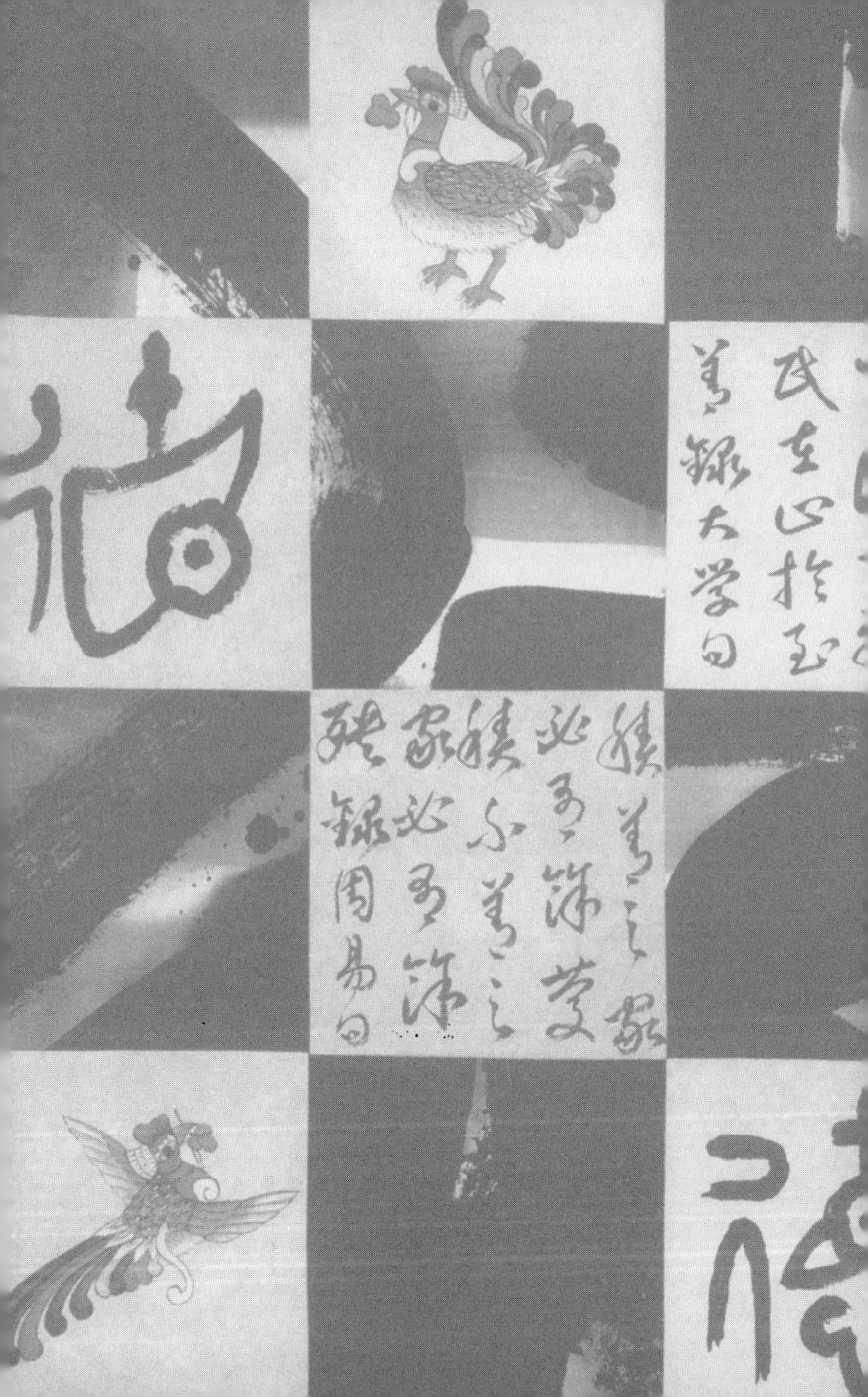

불쌍한 영웅 이야기

백수가 된 지 꽤 오랜 시간이 흘렀는데도 하루해가 저물 오후 녘이면 지루하기는 여전하다. 평생 동안 별 탈 없이 살고 있는 나의 하루이다. 버릇이 되어서 텔레비전의 리모컨 버턴을 누른다. 벽면에 붙어 있는 검은 화면이 밝아지면서 거실도 환해진다. 화면에는 정장한 남자들이 움직임 하나 없이 두 줄로 앉아 있다. 마치 마네킹 같다. 얼굴도 굳어 있다. 박대통령은 약간 화가 난 듯이 한쪽 팔을 들고 무언가를 지시한다.

초등학교 때였다. 선생님은 판서를 하다가 획 돌아섰다. 구석 자리에서 속닥거리던 말소리가 선생님 심기를 거슬렸나 보다.

약간 찡그리고 두 눈을 치켜뜬 채 "누구냐?"고 소리쳤다. 교실 안은 쥐 죽은 듯이 조용해졌다. 반 아이들은 아무도 꼼짝하지 않았다. 화면에 도열해 앉아 있는 사람들이 그때 우리들의 모습과 닮았다.

나도 눈을 내리깔고 조용히 앉아 있었다. 느닷없이 "이동민, 나와" 했다. 주춤주춤하면서 선생님 앞으로 다가가자 주머니에서 종이돈 한 장을 꺼내 주면서 "활명수 한 병 사와." 했다. 약국에 심부름을 다닌 일이 여러 번 있었다. 뿐만 아니라 수업 시간에 교실 뒤쪽에 있는 실습지 배추를 뽑아 선생님 댁에 가져다 준 일도 있었다. 겁이 많고 기가 약한 나로서는 부반장이라는 직책이면 선생님이 시키는 일은 당연히 해야 하는 줄 알았다. 교실 문을 조용히 열고 들어오는 나를 반 아이들은 부러운 듯 바라보았다. 그때 나는 우쭐한 기분이었다.

선생님이 "누구냐!"라고 고함을 지를 때마다 조용히 넘어가는 법이 없다. 누군가가 일어서지 않으면 반 아이들이 줄을 지어 나가서 회초리로 종아리를 맞았다. 그럴 때마다 회초리는 서너 개씩 부러졌다. 아이들이 나를 부러워하는 이유였다. 나는 매를 피할 수 있어 우쭐했고, 부반장이라는 감투가 고마웠다.

텔레비전을 보면서 의아했다. 아나운서는 분명히 회의 중이라고 했지만 긴장하여 입을 다물고 있는 모습이 회의 중은 아니었다. 선생님이 획 돌아서면서 "누구냐?"라고 했을 때의 우리들 모습과 똑같았다. 무엇 때문에 겁먹은 표정을 하고 있을까. 부반장의 직책이 선생님의 부당함을 당연히 받아들이게 했듯이 감투를 쓰고 있는 저들도 대통령 앞에서는 말씀만 경청해야 한다고 생각하는가 보다.

6학년이던 우리 반에는 전쟁이 끝난 지 겨우 삼사 년쯤이어서 서너 살이 많은 아이들도 있었다. 키나 몸피로 따져도 형뻘이었다. 미술 시간이면 교문 앞 문방구에 가서 도화지를 사 오는 일까지 시켰다. 부반장인 나도 그의 심부름을 피하지 못했다. 수업이 끝나고 교실 청소를 할 때면 나는 아이들을 감독하고, 선생님에게 보고를 하러 갔다. 그 친구가 청소를 않더라도 나는 시키려고 하지 않았다. 그는 우리들의 왕초였으니까.

나는 텔레비전을 보면서 초등학교 때가 떠올랐다. 박 대통령 앞에 도열해 있는 사람들이 반 아이들처럼 보였다. 나도 화면 속으로 들어가 슬그머니 그들 사이에 끼여 앉았다. 화난 선생님의 눈총을 피하면서 반 아이들을 흘금흘금 훔쳐보았듯이 그 사람들을 훔쳐보았다. 명문대학을 졸업하고, 고시를 치른 사람들이었다. 대학 교수를 하던 분도 있었다. 국회의원을 하면서 사흘이 멀다 하고 텔레비전에 얼굴을 비추던 사람도 있었다. 그들은 우리 시대의 영웅들이었다. 주눅이 든 그들과 같이 앉아 있기가 민망했다.

활명수를 사들고 교실 문을 들어서자 분위가가 심상치 않았다. 선생님은 우리들의 왕초를 세워 놓고 훈시했다.

"네가 잘못했으면 응당 매를 맞아야지."

그는 고개만 숙인 체 아무 말도 하지 않았다.

"밖에 나가서 네가 잘못한 것에 합당한 굵기의 회초리를 갖고 와."

그는 선생님에게 떠밀리다시피 하여 교실 밖으로 나갔다. 선생님은 다시 착한 사람이 되라는 긴 훈시를 했다. 아무도 귀담아 듣지 않았지만 듣는 척했다. 아직 어린 나이지만 선생님 말씀이 모두 옳다고 생각하지 않았다. 그래도 그는 선생님이고, 나는 나이도 어리고, 온갖 변명거리를 생각하면서 묵묵히 듣기만 했다.

이상했다. 도열해 있는 사람들은 아이가 아닌 어른들이다. 공부도 아주 잘해서 명문대학을 졸업했고, 대학 교수까지 한 사람들이다. 그런데 초등학교 아이들처럼 아무 말도 않고 앉아 있었다. 대통령의 말씀이 모두 옳아서일까? 그것까지는 나도 알 수 없었다. 분명한 것은 내 눈에 그들은 우리가 감히 올려다볼 수도 없는 진골이고 성골이었다. 육두품의 처지도 안 되는 내가 그들의 속내까지 알 수가 없다. 아무 말도 못하고 앉아 있기로는 나도 마찬가지다. 눈치를 보면서 입을 다물고 있기가 견디기 어려워서 나는 텔레비전 밖으로 나와 버렸다.

교실 문이 드르륵 열리면서 우리들의 왕초가 들어왔다. 어깨에는 우리들 다리보다 굵은 나무둥치를 메고 있었다.

"선생님, 맞을 매를 갖고 왔습니다. 생각해 보니 제가 많이 잘못해서 이 정도의 매라야 될 것 같습니다."

순간 선생님의 얼굴에는 당혹감이 흘렀다. 어이가 없다는 듯이 아무런 말도 없이 한참 동안 멍하니 처다보기만 했다. 그리고 낮은 목소리로 말했다.

"그 나무둥치 제자리에 갖다 놓고 와."

수업 시간은 곧 끝이 났고 선생님은 교실 밖으로 나갔다. 그날부터 그 친구는 전설을 만든 우리들의 영웅이 되었다. 그리고 두어 달 뒤 졸업을 했으므로 우리는 헤어졌다.

내가 우리들의 영웅 소식을 들은 것은 30년도 더 지나서였다. 뿔뿔이 흩어져 사느라 누가 어디에 사는지도 모르고 지냈다. 고향에서 초등학교 동기회를 한다는 연락이 왔다. 모두들 얼굴이 변해 있어서 누가 누군지도 몰랐다. 나는 우리들의 영웅 소식이 제일 궁금했다.

"그 친구 죽었어. 부산에서 포장마차를 하면서 살더니만……."

"어디가 아팠어."

"술을 그렇게 퍼마시더니……."

술병으로 죽었다는 것이다. 나는 벙벙했다. 기억 속에 영웅으로 남아 있던 친구가 술이나 퍼마시다 죽다니 실감이 나지 않았다.

"키도 크고 운동도 잘했으니 쉽게 죽을 몸은 아닐 텐데.'

나는 왠지 자꾸 아쉬움이 남았다.

"우리가 어렸으니까 그렇게 보여겠지 뭐, 키도 우리보다 훨씬 작더라. 길에서 한 번씩 만났는데, 어깨도 구부정하고, 기죽은 모습을 하고 피하더라."

뒷맛이 조금은 씁쓸했지만 더 이상 묻지 않았다. 하기야 겨우 초등학교를 나와 마지못해 도시로 떠밀려 와서 사는 촌놈이 영웅은 무슨 영웅이겠나.

박 대통령 앞에서 도열하듯이 앉아 있던 사람들을 다시 만난 것은 여러 달이 지나서였다. 그들은 여전히 텔레비전의 좁은 박스 안에서 엄숙한 표정을 하고 앉아 있었다. 욱박지르는 국회의원 앞에서 고분고분하게 대답을 했다. 나는 어차피 그들의 세계에서 국외자일 뿐이니 그들의 대화를 알아들을 수 없다. 답답한 심정이 되어서 그들을 다시 만나 보려고 텔레비전 안으로 들어갔다.

"여기서 뵙네요."

그는 대꾸도 않고 힐끗 돌아보기만 했다.

"새파란 녀석들이 국회의원이랍시고 닦달을 해대니 창피하지 않아요. 자존심도 상할 테고."

"이 자리에 앉아 있는 사람을 당신 따위의 보통 사람은 알 수 없지, 암 어림없지."

"당신은 죄를 지었고 나는 착한 사람입니다. 초등학교 때는 우등상을 여러 번 받았고 지금은 교통신호를 꼬박꼬박 지키는 범생입니다."

나도 화가 나서 한 말이었다.

"이건 죄가 아닐세. 정치적 힘이 달려서 밀린 것뿐이네. 내가 힘이 세어지면 언제라도."

그는 우리들의 영웅처럼 조금도 기가 죽지 않고 당당했다. 나는 더 이상 할 말이 없었다. 그의 말대로라면 시간 따라 세상 인심이 바뀌는 것이 역사라고 했다. 그래서 자기는 죄인이 아니라고 강변했다. 그래도 역사 앞에서 부끄러움이 없다는 소리를 듣지 않은 것을 다행으로 여기고 텔레비전 밖으로 나와 버렸다.

며칠 뒤에 쇠고랑을 차고 감옥으로 가는 모습을 보았다.

세월이 지나면 이야기꾼이 같은 시대를 살았던 우리들의 이야기를 이렇게 시작할 것이다. 옛날에 정치적 힘이 달렸다는 사람과, 포장마차를 하다가 술병으로 죽은 초등학생 때의 영웅과, 그리고 반드시 파란 신호가 떨어져야만 길을 건넌다는 세 사람이 살았습니다. 다음 이야기를 어떻게 꾸려 갈는지는 나도 모르겠다.

고향 친구 이야기

도시에 나와서 살고 있는 고향 친구들의 모임에 나갔다.

"그저께 단석산(고향에 있는 산)에 산행을 갔다가 ○○를 만났어. 산불 감시를 한다더라. 이 친구가 하는 말이 80만 원을 받는데, 푼돈이지만 농사철이 아니라서 놀기 삼아 한다더라. 80만 원이 왜 푼돈이야. 돈을 그렇게 허투로 생각하니 시골에 처박혀서 농사나 짓고 있지."

○○의 소식을 전하는 친구는 '푼돈'이라는 말에 기분이 상했는지 말투가 곱지 않다.

나는 어릴 때 ○○와 이웃하고 살았다. 우리 집은 마당도 좁았다. 그네 집은 안마당과 바깥마당이 따로 있었고, 안채와 사랑채

뿐만 아니고 머슴이 기거하는 행랑채도 있었다. 마을 사람들은 이부자 집이라고 불렀다. 중학생이 되고, 고등학생이 되면서 진학하지 못한 마을 친구들은 멀어졌지만 함께 고등학교까지 다닌 그와 나는 하루가 멀다 하고 만났다.

마을 뒤에 있는 낮은 산을 뒷동산이라고 불렀다. 밤나무 밭이 있는 그 산도 그네 집의 소유였다. 밤송이가 벌어지면 알밤을 주으러 그와 함께 산에 올랐다. 산등성이에 앉아서 바라보면 마을이 한눈에 들어온다. 우리 집은 두 눈으로 꼼꼼히 살펴보아야 겨우 보이지만 친구 집은 한눈에 들어온다. 그는 곧잘 자기네 집 자랑을 늘어놓았다.

"예전에는 뒷들 논의 태반이 우리 거래. ○○의 아버지도, ○○의 아버지도 우리 집 머슴이었데."

친구들 이름까지 들먹이면서 자기 집안 자랑을 늘어놓았다. 그가 하는 말 속에는 그네가 우리의 소작농이었는데 지금은 자기네 논을 차지했다는 분노랄까, 원망이 묻어 있었다. 나는 듣기만 했다. 우리 집은 자랑할 거리가 없었다.

"우리 아버지는 왜정 때 일본에서 대학을 다녔어."

나는 여름에도 흰 한복을 입고 중절모까지 쓰고 다니는 ○○

의 아버지를 잘 안다. 면의원까지 지낸 유지였다. 아무리 바쁜 농사철이라도 들일을 하는 분이 아니었다. 마을 사람들이 그분을 들먹이면서 "○○씨는 이 세상에서 제일 팔자가 좋다."라며 약간은 비아냥거리는 투로 말하는 것을 자주 들었다.

"우리 아버지가 논을 다 팔아먹었다더라."

그는 아버지에 대한 미움도 아주 많았다. 왜냐면 우리 동네에는 그 아버지의 시앗도 살고 있었고, 배다른 동생도 있었다. 그것도 동네 사람들이 팔자가 좋다고 말하는 구실 중 하나였다. 나이가 들고 난 뒤 그의 아버지가 언제부터인지는 모르지만 제사나 명절 때만 집에 온다는 말을 할 때는 어투가 거칠어졌다. 자기 집이 몰락한 이유가 아버지 때문이라고 말했다. 그와 만나서 자주 이야기를 나누기는 고등학교 때까지다. 나는 그의 이야기를 들으면서 부유했던 집이 몰락해 가는 모습을 보았다. 마침 그때 소설에서 읽었다. 안동 지방의 명가 후손은 한여름에도 한복 차림을 고집하면서 새로운 시대에 적응하지 못한다. 양복장이들이 면소재지를 활보하는 세상이었다. 조상 대대로 지켜 오던 종가의 만취당이 개발이라는 역사를 비껴 가지 못하고 불도저 앞에서 무너지던 이야기였다. 나는 그 소설이 떠올랐다.

나도 대학에 가면서 고향 마을을 떠났다. 그는 아예 대학에는 갈 생각도 하지 않았다. 그네 집이 더 기울어졌기 때문이다. 그의 형이 논을 팔아 서울로 갔다. 장사를 한다고 했고, 조그마한 가내 공업을 한다고도 했다. 들리는 소문으로는 해마다 논을 판다고 했다. 월남전쟁도 끝이 났다. 일찌감치 마을을 떠난 친구들이 돈을 벌어서 하루아침에 부자가 되었다는 이야기가 시골 마을에서는 신화처럼 떠돌았다. 누구는 돈을 벌어서 고향의 논밭을 사 모아서 귀향을 했다는 얘기와, 돈을 번 사람이 마을의 유지 행세를 한다는 얘기도 들려왔다. 소문으로만 그의 소식을 듣는 만큼이나 그와 나도 멀어진 채 살았다.

수련의 때 고향의 산소에 들렀다가 이 친구를 만났다. 바쁘다는 나의 팔을 억지로 끌다시피 하여 자기집으로 데리고 갔다. 예전의 그 집이라서 너무나 익숙했다. 나를 자기 부인에게 소개할 때 내가 의사라는 것과 어릴 때 둘도 없이 친했다는 사실을 몇 번이나 말했다. 형이 사업에 실패하고 이 집마저 팔려고 하는 것을 한사코 말렸다. 이 집만은 지켜야 한다는 것이 자기의 고집이었다. 이 말을 할 때는 목소리마저 떨려서 비감함이 느껴졌다. 그는 아버지와 다르게, 형과도 달리 억척같이 일을 하고, 돈에는 구두쇠가 되었다는 얘기를 들은 것도 이때였다. 그 뒤 다시 서로 소식도 전하지 않고 살았다.

마지막으로 그와 연락이 닿은 것은 십여 년 전이었다. 이 친구가 청첩장을 보냈다. 너무 오래 소식을 전하지 않고 지냈으므로 청첩장을 받고 조금은 놀랐다. 자녀는 아들 하나뿐이라는 것을 알고 있었으므로 만사를 제쳐 놓고 경주 모 예식장으로 내려갔다. 손님을 맞고 있던 그는 나를 보자 달려 나와 내 손을 잡고 고맙다는 말을 몇 번이나 했다. 나를 데리고 다니며 그의 누나와 친척에게 일일이 소개했다. 나는 그의 누나와 친척들을 대부분 알고 있었지만 오랜 세월 탓인지 그들을 알아보기 어려웠고, 그분들도 나를 잘 알아보지 못했다. 이 친구가 나를 소개하자 대구에서 일부러 왔느냐면서 반가워했다. 그 친구는 손님 맞이하기에 바쁜 중에도 아직 그 집에서 살고 있으며, 형보다도 더 잘 산다는 것과 아들도 재벌 회사에 다닌다는 이야기를 전해 주었다.

나는 바로 대구로 올라왔다. 그리고 다시 서로 소식도 전하지 않고 살았다. 대통령이 몇 번이나 바뀌고, 광화문 거리도 때때로 소란스러워지면서, 열심히 살아온 우리는 오히려 죄인이 되어 역사의 뒤안으로 밀려나고 있다. 얼마 전에 친척 동생이 고향 소식을 이것저것 전하면서 그 친구의 죽음을 알려 주었다. 췌장암을 앓았는데……. 뒷말을 흐리는 것으로 보아 스스로 죽음을 맞이했나 보다. 내가 영감탱이가 되었으니 그도 영감탱이가 되어 죽음을 맞이했을 것이다.

나는 그 친구를 보니 우리 시대의 자화상을 보는 것 같다. 그는 대대로 부잣집이었던 가문에서 태어나서 역사의 회오리를 견디지 못하고 과거만 되씹는 모습을 보여 주었다. 나는 가난한 농사꾼의 집안에서 태어나 공부를 했고, 도시로 나왔다. 빈손으로 오늘을 일궈 낸 내 자신이 자랑스러워 지난날을 이야기하고 또 이야기한다. 우리 아이들도 들으려 하지 않은 이야기를 되풀이하는 것은 내 삶에 긍지를 지키고 싶어서이다.

기울어지는 부잣집의 후손으로서 이를 악물고 살아온 그의 삶을 떠올려 보면 같은 시대를 살아왔던 우리들 모두의 모습으로 비쳐진다. 그가 '푼돈'이라는 말은 그래도 지키고 싶었던 부잣집 후손의 자존심이었을 것이다. 소용돌이치는 역사였던 우리 시대를 살면서 붙잡고 싶었던 자존심이었지, '돈을 허투로 생각'한 것이 아니었음을 나는 잘 안다. 그런데도 그 친구는 내 말을 들으려 하지 않았다.

귀향하는 영감탱이

"요즘에는 모임에도 잘 안 나오고……. 시골 생활의 재미가 솔솔한가 봐. 그래 농촌 생활 소감이라도 한마디 들어봅시다."

"소감요? 그럼, 딱 한마디만 할게요. 나처럼 헛바람 들어서 시골로 내려올 생각은 아예 접으세요."

문학 모임의 회원이 퇴직을 하자마자 시골로 내려갔다. 우리 또래 영감들은 대부분 청소년기를 시골에서 보냈다. 학교를 따라서, 직장을 따라서 도시로 나온 사람들이다. 어린 시절을 농촌에서 보냈지만 인생의 대부분을 도시에서 보냈다. 유년의 향수가 몸에 배여 몸은 떠나 있어도 어릴 때의 끈을 놓지 않고 살았다.

“일 년이 다 되도록 모임에 나오지 않은 걸 보면 재미에 푹 빠진 거 아니요?”

“풀을 뽑고 돌아서면 풀이 또 자욱하고, 하루만 게으름을 피우면 작물이 시들시들해지고, 그뿐이면 다행이게, 터줏대감들의 눈살도 곱지 않고. 재미는 무슨 빌어먹을 재미. 시간이 없어서 못 나온 거야.”

“왜, 6시 내 고향이라는 프로 있잖아. 텔레비전에서 보여 주는 시골 풍경은 마을 앞의 정자에서 장기를 두고, 싱싱하게 익은 수박을 나눠 먹고, 또 뭐더라, 아 그래, 할머니들은 고스톱을 치면서 소일하던데.”

다른 회원이 거들었다. 영감탱이가 되어 시골로 내려가서 사는 사람은 도시로 나와서 돈을 많이 벌었거나. 월급쟁이를 해도 높은 자리에 올랐던 사람이라야 꿈꿀 수 있다면서, ‘호강에 겨워 배부른 소리 그만 작작 해라’며 입을 막아 버렸다. 농촌 사람들이 들으면 눈에 쌍심지 돋을 일이라는 거다. 그들은 평생 동안 풀 뽑고, 밭 메고 했는데, 라며 면박을 줬다. 그래서 휴양지처럼 생각하고 귀향하는 도시민을 바라보는 시골 사람들 눈길이 고울 리 없다고 했다.

문득 초등학교 동기가 생각났다. 어릴 때 공부하고 싶어 고향을 떠났다. 젊어서 중동에 가서 아주 높은 자리까지 올랐다. 성공한 친구라고 했다. 중년을 훨씬 넘었을 때 고향 친구들이 버스를 대절하여 서울 여의도 관광여행을 갔다. 나에게도 연락하면서, 그 친구에게도 연락을 해 두었으니까 서울에서 식사 자리라도 만들어 주지 않겠느냐는 말을 했다. 뒷 소식은 씁쓸했다. 그 친구가 나오긴 했는데, 만나서 악수만 나누었고, 바쁘다면서 식사도 함께하지 않았다. '촌놈이라고 얕본다.' 라든지, '도시 나가서 성공하면 다냐. 인간이 되어야지.' 라든지. 듣기 민망한 말들이 많이 들려왔다. 나중에 들을 이야기이지만 이 친구는 은퇴하고 고향으로 내려오지 않고 호주로 이민 갔다. 왜 그랬는지는 잘 모른다.

이런 일도 있었다. 군에서 아주 높은 계급을 달고 제대를 한 고향 친구가 있었다. 우리는 그를 불러서 술자리를 만들어 주었다. 술이 거나해지자 한 친구가 불쑥 '야 이○○야. 계급이 높으면 다냐.'며 대들었다. 억지로 말렸다. 훈련병 시절에 하도 고되어서 장교로 복무하는 그를 친구랍시고 찾아갔더니 못 본 척 푸대접을 하더라는 것이 이유였다.

유년 시절 시골 생활을 되돌아보면, 너나없이 여름이면 보리밥 먹고, 개울에서 첨벙거리며 놀았다. 좀 더 잘산다면서 뻐기는 일도 없었다. 그런 일이 있었다면 어쩌다 장날 사온 운동화를 신었을 때다. 다음 장날에는 나도 엄마를 졸라서 새 신발을 사 달라고 해야지. 평등했다고 믿었던 그때를 우리는 기억 속에 행복했던 삶으로 저장해 두었다.

박정희 시대가 되자 살기가 힘들어서 도시로 떠나는 사람들이 많았다. 4년이 지나고, 5년이 지나자 그들은 말끔하게 차려입고 마을에 나타났다. 성공했다는 소문도 바람 타고 들려왔다. 객지로 떠나는 사람들이 많아지면서, 마을 사람들 화두는 농촌 생활의 평화롭고 고요한 일상사에서 성공한 사람으로 바뀌었다. 삶의 목표도 화평했던 농촌의 삶에서 도시의 성공한 삶으로 바뀌었다.

성공을 찾아서 도시로 나온 나는 시골에서 살았던 때의 조용한 삶을 그리워했다. 도시 생활은 서로 경쟁하느라 여유가 없었다. 군인으로 성공한 동기생에게 대든 친구는 성공 뒤에는 삶의 비정함이 있는 줄을 몰랐을 것이다. 시골에서처럼 가까이 대해 주지 못한 것은 계급의 사다리를 경쟁하면서 올라가야 하는 삶 때문이었다고 변명할 수도 없었을 것이다.

귀향하는 사람도 마찬가지이다. 아침에는 꽃향기 실은 솔바람이 불어오고, 낮에는 노인네가 뒷짐을 지고 어슬렁거리는 곳이 아니다. 6시 내 고향은 텔레비전의 상자 안에 갇혀 있는 전설일 뿐이라는 것을 몰랐을 것이다.

시간은 흘러가는 강을 만들었다. 성공한 도시 사람을 부러워하는 고향 사람과, 화평하게 살았던 유년의 시간을 잊지 못하는 도시 사람의 사이로 그 강물이 흘렀다. 산은 아무리 높아도 강을 건널 수 없다. 우리는 다른 삶을 사느라 강 건너의 산이 되어 있었다. 같은 세월을 살았던 같은 나이라고 해도 같은 생각을 하는 것은 아니다. 생각이 다른 것은 젊은이와 늙은이 사이만은 아닐 것이다.

청보리밭을 아십니까?

좁다란 길목에 줄지어 선 버스 행렬은 끝이 없다. 가다가 멈추고, 또 굼뱅이처럼 꿈지럭거리다가 멈추기를 되풀이한다. 차창 밖은 맨땅을 드러낸 황량한 들녘이다. 지금 수 백 리 길을 버스를 타고 청보리 밭을 찾아가는 중이다.

초행 길이라서 얼마를 더 가야 보리밭이 보일는지 알 수 없다. '이제 거의 다 왔습니다.'라는 안내자의 말에 차창 밖을 바라보아도 아직은 멀어 보인다. 푸른 지붕을 한 시골 집 몇 채가 오르막길의 언덕배기에 띄엄띄엄 서 있다. '이 마을만 지나면…….' 여행길의 지루함을 달래 주려는 듯 안내자는 거의 다 왔다는 말을 몇 번째 되풀이하고 있다.

안내자의 말은 나의 머릿속에 오월의 고향 들녘을 떠올려 준다. 오월의 바람에는 온갖 꽃 냄새가 실려 있다. 보리 잎들이 낮으막하게 서걱거리는 소리도 들을 수 있다. 우리집 담 너머에는 끝없이 펼쳐지는 들녘이 있다. 사립문을 나서서 담 모퉁이만 돌아가면 보리밭이다. 보리밭을 지나면 얕은 산마루가 나온다. 푸른 소나무 숲으로 둘러싸인 묘지가 있다. 잔디도 푸르게 물들어서 묘지와 보리밭이 쉬이 구별이 안 된다.

버스가 언덕 위에 오르자 '보리밭 사잇길로……' 노랫가락이 흐르면서 밭둑길을 줄을 지어서 걷고 있는 사람들로 북새통을 이루었다. 호젓한 노래의 분위기가 느껴지지 않는다. 노래 가사대로라면 남, 녀 두 사람만이 정적이 흐르는 분위기에 젖어 걷고 있어야 할 텐데. 전혀 아니다. 눈을 들어 하늘을 보았다. 흰 구름덩이가 흩어져 있는 사이로 하늘도 푸른빛을 부드럽게 흘리고 있다.

지난날에 제법 푸른 얼굴을 내민 뒷산 묘지 잔디 위에 앉아 들녘을 바라보았다. 바람소리만 간간이 들릴 뿐 쥐 죽은 듯 고요했다. 시골은 아직도 견디기 힘들 만큼 적요하다. 간혹 재미있는 이야기가 되어 떠도는 마을 처녀, 총각 이야기가 시골 마을의 고요를 깨곤 한다. 그날은 보름달이 대낮처럼 밝았다더라. 글쎄, 뒷산 묘지에 희끄므레한 사람 그림자가 달빛 속에서 어른거리더라. 몰래 숨어서 지켜보니……. 우리 마을 갑돌이와 갑순이 이야기이다. 마을은 고요하지만 마을 사람들 일은 유리상자 안처럼 훤하다. 은밀히 사랑을 나누려면 마을에서 조금 떨어져 있는 뒷산 묘지로 가야 했다.

나는 중학교 다닐 때부터 마을 뒷산 언저리에 있는 묘지에 자주 갔다. 잔디 위에 올라앉아 저녁밥 짓는 연기가 피어오르는 마을 풍경을 바라보기도 하고, 노랫말대로 누구와 보리밭 사잇길로 거니는 상상도 했다. 지금 생각해 보니 초등학교 때는 혼자서 간 일이 없지만 중학교 때는 혼자서도 자주 갔었다. 이광수의 무정을 읽고 나도 주인공처럼 멋진 사랑을 하는 꿈을 꾸었다. 아마도 잔디밭에 앉아서 그런 꿈을 꾸다가 보릿발 사잇길을 걷곤 했으리라.

고등학교 다닐 즈음에는 더 자주 갔었다. 달밤이면 푸른빛이 내뿜는 거친 숨소리에 이끌리어서 갔다. 안개 같은 달빛이 정적 속에서 보리밭으로 내려앉으면 보리밭 이랑 사이는 검정색으로 바뀌어 갔다. 밭둑을 따라 굽잇길을 걷고 있으면 가슴에 품고 있던 여자 아이도 생각난다. 친구 녀석이 좋아하는 여자 아이와 보리밭 이랑 사이의 어둠 속으로 빨려 들어가 입술을 맞추었다고 자랑을 늘어놓았다. 우리는 그가 거짓말을 하는 줄 뻔히 알면서도 "그래서?" "그래서?"라며 뒷이야기를 재촉하곤 했다.

누나 뻘 되는 마을 처녀가 부모 몰래 도시로 가는 기차를 탔다. 마을에는 흉흉한 이야기가 떠돌았다. "가시네가 바람이 났데, 깊은 밤에 머리를 흩트리고 보리밭에서 걸어 나오는 걸 본 사람이 있대. 제 에비한테 혼이 나고는 집을 나가 버렸데." 마을을 떠도는 그 말도 사실인지, 아닌지 잘 모른다. 어릴 때, 시골 마을에서는 그런 이야기들이 단조로운 일상에서 양념이 되어 나돌곤 했다. 소문이 떠다닐 때마다 보리밭은 아직 여린 마음이었던 내 가슴을 흔들곤 했다.

청보리밭을 찾아가는 관광버스에서 옆자리에 앉은 분이 말했다. "보리밭을 보려고 굼뱅이 같은 버스를 타고 여기까지 왔어, 내 참, 뭘 볼 게 있다고. 대구에서도 변두리에 가면 보리밭을 볼 수 있을 텐데." "그 보리는 개량 보리라서 키 작은 보리입니다. 무릎 높이밖에 안 됩니다. 여긴 청보리밭입니다." "보리와 청보리는 무엇이 다른데요?" "보리는 키가 크지요. 잘 자란 보리는 배꼽까지 옵니다." 내 말이 무슨 뜻인지 알아듣지 못한다.

"우리가 자랄 때는 마을의 처녀 총각이 데이트를 할 곳이 없었지요. 뒷산 묘지 위가 곧잘 데이트 장소가 되었거든요. 그러다가 정분이 나면 보리밭으로 갔답니다."

장난기를 조금은 섞어 말했다.

내 말에 미안한 듯 그는 도시에서 태어났고, 도시에서 자란 탓에 이효석의 메밀꽃 필 무렵에 나오는 물방앗간에서 무슨 일이 일어났는지도 몰랐다고 했다. 문학을 하려면 시골에서 자라야 한다는 말도 했다. '키가 큰 보리밭이라' 하고는 알 듯 말 듯한 미소를 지었다.

청보리밭에서 정서를 찾는 시골 출신의 영감탱이들이 분위기 있는 커피숍을 찾는 젊은이들을 이해할 수 있을까? 도시에서 자랐다는 그 노인은 청보리밭을 느끼지 못한다면서 나를 부러워했다. 노인이 되고 나서 풋풋한 젊은이에게 열등감도 느끼지만, 아무래도 커피숍에서 맛보는 분위기보다는 청보리밭에서 느끼는 정서가 더 나을 듯하다. 이것만은 젊은이를 부러워하지 않겠다.

월남 참전 용사

"꼭 그 나이 때가 되면 낙엽이 되어 떨어지는 녀석이 나오더라."
"하기야 여름 낙엽도 있잖아."
"그래도 그 나이 때면 초가을이지 여름은 아니지."

고등학교 동기회 모임에서 60대 초에 낙엽 되어 떨어진 친구 이야기를 했다. 화날 일이 있어도 웃음으로 때우던 순한 친구였다. 노래방에 가면 제일 먼저 마이크를 쥐고 들어주지도 않는 '낙엽 따라 가버린 사랑'을 혼자서 뽑아내던 친구였다. 동기회를 하면서 그 친구 이야기가 왜 나왔는지 모르겠다. 우리가 젊었을 적에 다녀왔던 월남 이야기를 하는 중이었다. 누가 "월남전이라면

○○이지."라면서 그 친구 이름을 들먹였던 것 같다.

그는 초급 장교로 일찌감치 지원하여 월남으로 갔다. 누구보다도 많은 경험을 했으므로 월남전이라면 이야기 거리가 당연히 많았다. 김세레나가 위문공연을 왔을 때 악수도 하고, 식사도 함께했다는 자랑도 자주한다. 그리고 한여름 밤 모기에 뜯기면서 순찰 나갔던 이야기도 더러 한다. 나는 월남전에 참전하지 않았으므로 듣기만 했다. 간혹 하는 질문도 사실과 너무 동떨어지다 보니 진지하게 답해 주려고도 하지 않는다.

"젊은 놈들은 월남전에 참전한 사람들을 돈을 받고 미국 놈 앞잡이를 하였다며 창녀 취급을 한다지만, 솔직히 말해서 그때 우리가 벌어 온 돈으로 나라를 일으켰잖아. 그 덕에 우리들처럼 꽁보리밥을 먹지 않았잖아."

영감탱이들이 모여 월남전 이야기를 하다 보면 목소리가 거칠어지는 일이 흔하다. 뿐만 아니라 보리밥만 먹던 시골 젊은이가 돌아올 때는 텔레비전도 가지고 왔다느니. 약삭빠르고 재주 있는 친구는 한 재산을 모우기도 했다는 등, 돈을 번 이야기는 가지를 치고, 잎을 달아서 풍성해진다. 월남전 참전 이야기에는 뭔가 모를 자부심이 서려 있다. 한 친구가 말했다. 혈압이 높아 보훈 병원에 가서 고엽제 후유증이라 진단을 받고 나니 고속도로 통행료도 공짜이고……. 그 보상으로 받는 이것저것을 자랑했다. 나는 ○○ 생각이 났다.

"그렇다면 ○○도 고엽제 때문에 일찍……."

모임의 친구들은 하나같이 아니라고 했다. 지병이 있었다고 했다. 그런데 나는 자꾸 고엽제가 떠오른다. 내가 그들의 말을 수긍하지 않고 자꾸 허튼소리를 한다 싶었는지, 한 친구가 자기의 경험담을 털어놓는다.

"야간 순찰을 나갈 때 고엽제 원액을 얼굴에 바르고 나갔어. 월남 모기가 얼마나 지독한지 한 번 물리면 가려운 것이 문제가 아니고 퉁퉁 부었어. 고엽제를 바르고 나가면 모기들이 얼씬도 안했어."

"원액을 발랐는데도 괜찮았어?."

"지금 멀쩡하잖아."

'지금 멀쩡한 것'이 그 친구가 고엽제의 후유증으로 먼저 간 것이 아니라는 이유였다. 친구의 말로는 노란 드럼통에 원액이 담겨 있었다. 노란색이라면 위험 물질의 표시이다. 혹시 해골 그림은 없었느냐고 했더니 그건 모르겠다고 했다. 나는 정부가 병사에게 위험 물질이라는 교육을 시키더냐고 하니 그런 일도 없었단다. 정부에서 왜 위험하다는 교육을 시키지 않았을까? 그것이 의문이었지만 나도 고엽제에 대해서는 주워들은 지식뿐이므로 더 이상 이렇쿵 저렇쿵 말할 수 없었다. 분명한 것은 후유증이 나타났고 정부에서도 인정하여 작으나마 복지 혜택을 주면서 생색을 낸다. 내 친구는 고속도로를 공짜로 달릴 수 있다고 자랑이다. 그렇다면 우리 영감탱이들이 바로 희생자인데도 희생자라는 생각을 하지 않는다.

나는 정부가 나쁘다며 고엽제 피해자에게 사과하고 더 많은 보상을 해야 한다고 했더니, 막상 피해자인 친구는 정부를 옹호하고 나를 나무랐다. 모임에서 친구들과 이야기를 나누다 보면 우리 세대들은 5·16 혁명 공약처럼 민족중흥의 역사적 사명을 띠고 태어났다고 굳게 믿는다. 월남전에서 몸이 상한 것이 억울하지 않다. 뺄셈과 덧셈을 해 보니 자식 세대들이 밥을 굶지 않으므로 손해 보지 않았다는 계산이다. 나라를 일으켰다는 자부심까지 가진다.

교직에서 퇴직한 친구가 화가 난 표정으로 아들의 말이라면서 전했다. 텔레비전에서 태극기를 든 노인들의 행렬을 내보내고 있었다.

“영감탱이들이 집에서 아이나 볼 것이지. 거참, 영감탱이들 때문에 나라가 요 모양이라니까.”

“이 자슥아, 방금 뭐라고 했어. 영감탱이 때문에 나라가 어떻다고.”

“아버지 계셨어요.”

흠칠 놀라서 뒤돌아본 아들이 슬그머니 일어서더니 방문을 열고 나가버리더라고 했다. 우리 영감탱이들은 하나같이 ‘우리 아이도 마찬가지야’라고 한다. 배가 고파서 일이라면 몸을 사리지 않았던 늙은이를 돈에 몸을 팔았다고 비난한다. 우리가 아무리 억울해 해도 백만이나 모여서 촛불을 들었다. 창녀가 아니었다고 화도 내 보지만 귀 기울이는 사람을 만나기가 점점 어려워진다.

쓰레기 같다고?

영화를 상영하자 주인공의 고달픈 삶이 펼쳐졌다. 고막이 찢어질 듯한 금속성 효과음이 극장 안을 흔들고 흥남 부두에서 어린 아이는 살 길을 찾아 우왕좌왕하는 피난민들 속을 헤매고 있었다. 아슬아슬하게 배를 탔으나 아버지와는 헤어지고 말았다. '영화는 슬프게 보이려고 모두 그렇게 만드는 거야.' 애써 마음을 가라앉혔다. 귓가에선 젊었을 적에 불렀던 '바람찬 흥남부두에…….'라는 노래가 맴돌았다.

소달구지에 짐을 싣고 산내의 감산골로 피난 갔던 길이 생각났다. 벼가 노랗게 익어가고 있었다. 개울 건너 밤나무 아래서 형과 알밤을 줍던 기억이 어렴풋하다. 지금도 그때가 자꾸 소풍 길처럼 느껴진다.

배를 탄 가족은 부산 국제시장에서 터전을 잡았다. 먹고 살기 위해서 거리로 나서는 구두닦이 소년의 모습은 눈에 익숙하다. 내가 아닌 남의 모습으로 자주 보았기 때문이리라.

시골 학교의 운동장 구석에 큼지막한 천막을 치고 머무르던 군인들도 생각난다. 그 보다는 옆집 식이와 개울에서 멱을 감던 일이 더 선명하다. 땡볕이 내리쬐던 신작로를 터벅터벅 걸어오던 하교 길에 먼지를 날리며 요란하게 달리던 군용 트럭도 기억 속에 남아 있다. 나와 다른 세계로 보였던 그 기억도 흐릿하다.

"셋째 형수님의 남동생이 서독에 돈벌이를 하러 간다더라."는 말도 생각난다. 왜 광부보다는 '돈벌이'라는 말이 더 깊이 각인되어 있을까? 대학에 진학하고 나서 등록금을 마련하지 못하여 한 해를 휴학하였던 아픔 때문인지 모르겠다.

대학 다닐 때 방학을 맞아 고향 마을로 내려가서 '고추 친구'들을 만났다. 해병대 모자를 쓰고 팔에는 붕대를 감고 있었다. 월남을 다녀왔다면서 빼기던 그가 생각난다. 텔레비전도 갖고 왔다며 동네 사람들이 부러워하였다. 전쟁터가 힘든 곳이라는 것보다는 외국을 다녀왔다는 것과 돈을 벌어 왔다는 것이 부러웠다. 한 해, 한 해가 지나가면서 나와 가까웠던 사람들도 월남으로 갔다. 월남은 우리에게, 나에게 결코 먼 나라가 아니었다. 지금도 고등학교 동기 모임에 나가면 군인이 되어 월남전에 참여하였다는 친구가 한두 명이 아니다.

"야간 정찰을 나가면 모기 때문에 미칠 지경이야. 월남 모기는 정말 지독해."

한 친구가 월남 전쟁 이야기를 시작하면 여기저기서 맞장구를 친다.

"야간 정찰을 나갈 때는 고엽제를 얼굴에 바르고 나갔어. 그러면 모기들이 얼씬거리지도 않아."

그때 학교를 다니고, 수련의 생활을 하느라 월남에는 가보지 못하였던 내가 놀라서 물어보았다.

"그 독한 약을 얼굴에 발랐다고?"

'모기 때문에'와 '그 독한 약'이 주는 의미의 차이는 말뜻의 차이만은 아닐 것이다. 같은 시대를 살면서도 서로 다른 길을 걸어왔던 많은 것들을 함축하고 있다. 월남을 다녀온 친구 중 한 명은 이유도 모르고 암으로 세상을 떠났다.

월남전이 끝나 갈 즈음에 영화 속의 주인공도 가족을 건사하러 월남으로 갔다. 그때까지 살아오면서 나처럼 부인도 맞이하여 가정을 꾸렸다. 아이들도 태어났다. 얼굴에 주름이 많이 늘어나 있는 어머니를 모셨다. 아내는 국제시장의 한 귀퉁이에 '꽃분이네 가게'를 열고 잡화상품을 팔아 보려고 바락바락 악을 쓰고 있었다. 저런 걸 쓰레기처럼 사는 사람이라고 하는 걸까? 패망하는 월남에서 생사를 걸고 도망 나오는 이야기는 영화라서 그렇게 만든 거겠지. 영화라서……. 애써 감정을 억눌러 본다. 그래도 뒷맛이 영 개운치 않았다.

그 시간에 나는 대학병원에서 흰 가운을 걸치고 거들먹거리면서 산 것은 아닐까? 예쁜 아내는 시장 바닥에서 악다구니를 하는 여자와는 다르다. 교양이 있고, 남을 배려할 줄도 알고! 그런데도 왜 마음이 편안하지 않을까?

영화에서 흩어진 가족을 찾으려 여의도 광장을 가득 메운 사람들을 바라보니 지난날이 떠올랐다. 80년대라고? 벌써 30년 가까이나 흘렀나. 그때도 나는 텔레비전 화면의 바깥에서 화면 안에서 일어나는 일을 바라보기만 하였다. 그들은 아팠던 세월을 끌어안고 살았지만 나는 여전히 그들을 구경만 하고 살았다. 어느 신문에서 저 사람들의 삶을 다룬 이 영화를 쓰레기 같다고 하였다. 나는 그들과 다르게 살아오지 않았는가. 쓰레기는 아니겠지. 억지로 위로를 해 본다.

그들의 삶에서 비껴나 언제나 구경만 하던 내가 영화를 보면서 자꾸 눈물을 닦았다. 줄줄 흐르는 눈물을 손으로 가리면서 옆을 보니 아내도 눈물을 훔치고 있었다. 아내와 나도 구경꾼이 아니었고 바로 덕수와 영자였다.

반바지

초인종이 울렸다. "누구세요."라고 했더니 택배가 왔다 했다. "잠시만 기다리세요." 하고는 부리나케 안방으로 들어가서 반바지를 긴바지로 바꿔 입었다. 아내는 후다닥거리는 나더러 점잖은 손님이 오는 것도 아닌데 유난을 떤다면서 못마땅하다는 투다.

금년 여름은 너무 덥다. 한낮이면 거실에 가만 앉아 있어도 땀이 줄줄 흐른다. 아이들이 버려두고 간 옷들 중에는 반바지가 여러 개다. 나는 한 번도 반바지를 산 일이 없는데도 구석구석에 반바지가 널려 있다. 여름날에도 긴 바지로 잘 견뎌냈으나 금년 여름은 너무 더웠다. 아이들이 모두 떠나고 부부가 살다 보니 혼자서 집을 지킬 때가 많았다. 나 혼자 있는데 뭐 어때, 하고는 반바지를 꺼내 입었더니 다리가 너무 시원했다. 다리만 아니라 온몸이 시원하게 느껴졌다. 그렇더라도 쓰레기를 버리러 가거나 손님이 문을 두드리면 긴바지로 바꾸어 입고서야 문을 열었다.

이제는 반바지의 시원함에 중독이 되었다. 집사람과 단 둘이 있을 때도 덥지 않은 아침인데도 침상에서 일어나면 반바지를 입는다. 어릴 때 시골 어른들은 아무리 더운 여름철이라도 윗도리를 벗거나 다리를 드러내고 다니는 사람을 '상놈'이라면서 낮추어 보았다. 젊은 사람이 파자마를 입고 집 앞을 어슬렁거렸다. 도시에서는 몰라도 시골에서는 파자마를 입는 사람이 없을 때였다. 아마도 도시물을 먹었다고 조금은 자랑을 하려고 그랬는지 모른다. 잠옷 바람으로 돌아다닌다고 동네 어른이 "골목이 네 놈의 안방이냐?" 며 호되게 꾸짖는 것을 보았다. 왜 그런지는 모르겠지만 그때의 모습이 나에게는 아주 강한 인상을 남겼다.

어머니는 세상이 "망하려나"라는 말을 잘했다. 남자가 아이를 안고 가고, 젊은 엄마는 뒤따라가는 것도 나무랐다. "정신줄이 나간 사나(사내의 사투리로 어머니는 젊은 남자를 이렇게 불렀다.)가 어른 눈이 안 무서운지 마을 길에서 아이를 안고 가고 기집(어머니는 젊은 부인을 이렇게 말하곤 했다.)은 빈손으로 쫄랑거리면서 따라가더라"고 했다. 그리고는 "세상이 망할려나." 하곤 했다. 수련의 때는 교수님이 여름이래도 넥타이까지 맨 정장을 입으라 했다. 복장을 단정히 하고 진료하는 것이 예의라고 했다. 여름날에 진료를 하면서 넥타이를 푼 것은 거의 40대였으리라.

유난을 떤다는 집사람의 빈정거림에도 반바지를 긴바지로 바꾸어 입는 것은, 그럴 때마다 '상놈'이라는 말이 뇌리 속에 남아 있기 때문이다. 어머니가 한 말이 귓가에서 맴돌기 때문이다. 힘센 남자가 아이를 안고 가는 것은 당연하지 않은가. 그런데도 어머니는 세상이 망하기나 하는 듯이 말했다. "엄마, 요즘은 세상이 바뀌었어." 내가 슬쩍 말을 건네면 화를 낸다. 아무리 세상이 바뀌어도 사람이 지켜야 할 도리가 있단다.

김홍도가 남긴 그림에는 보리타작을 하는 일꾼이 허벅지가 드러나도록 가랑이를 걷어 올리고 웃옷까지 벗은 채 활짝 웃고 있다. 갓에 도포를 입고 장죽을 문 양반은 비스듬히 누워서 일꾼을 바라보고 있다. 웃음기라고는 없다. 보리타작 철이라면 가만히 앉아 있어도 땀이 줄줄 흐른다. 신발을 얌전히 벗어 둔 탓에 버선을 신고 있는 발도 보인다. 얼마나 더울까? 얼마나 답답할까?

내가 만약에 그 양반에게 “더운데 옷을 좀 벗으시지요.”라면 무엇이라고 대답할까. 상상해 본다. “상놈이나 할 짓을 나더러 하라고?” 어머니처럼 세상이 망했다는 듯이 말할 것 같다.

길에서 만나 보는 요즘 젊은이들은 반바지가 아니고 속옷만큼이나 짧은 바지를 입고 다닌다. 윗도리도 마찬가지이다. 속옷인지 겉옷인지 구분이 안 된다. 그런데도 눈에 크게 거슬리지 않았다. 요즘 젊은이는 으레 그러려니 여기고 무심코 지나간다. 그러나 나만큼 나이 든 사람이 짧은 바지를 입고 다니는 걸 보면 마음이 편치 않다. 이상하게도 그 사람의 다리로 눈길을 보낸다. 하지 않아도 될 말을 속으로 중얼거린다. ‘별로 보기 좋은 다리도 아니면서’ 젊은이에게는 느끼지 못한 불편한 심사를 왜 노인에게만 가지는지 모르겠다.

김홍도 그림에 나오는 양반님을 만나면 꼭 물어보고 싶은 말이 있다. ‘선비님, 너무 덥지 않습니까? 옷을 벗으시면 안 됩니까?’라면 무엇이라고 대답할까. ‘사람은 자기가 살아가는 방식이 있지. 그건 자기가 멋대로 정하는 것이 아니야. 내가 저 일꾼이라면 옷을 훌렁 벗었겠지.’ 그렇구나, 나도 반바지로 싸돌아다니고 싶지만 내 멋대로 할 수 없는 삶의 방식이 있었구나.

오줌 누기

"고속도로 휴게소 화장실에 들르면 줄이 짧다고 노인 뒤에 줄을 서지 말라."

노인을 위한 유용한 생활 정보라면서 친구가 한 말이다. '맞다' '맞다' 여기저기서 터져 나오는 이구동성이다.

공용 화장실에는 '한 걸음만 더 가까이 다가오세요. 흘리지 않는 것이 문화인의 예의입니다.'라는 안내 글이 있다. 이와 같은 글이 아니더라도 요즘 나는 화장실에 가면 변기 앞에 바싹 다가가서 볼일을 본다. 변기 밖으로 흘리기 때문이다. 남자들은 이상하리만치 소변보기에 관심이 많다. 초등학교 다닐 때는 하교 길에 친구들이 길가에 모여서서 오줌누기를 한다. 누가 더 멀리 보낼 수 있는지 시합을 하는 오줌누기가 우리들의 놀이였다. 멀리 가는 것이 왜 좋은지도 모르면서 아랫배에 힘을 주어 한껏 용을 썼다.

소변에 대한 관심은 청, 장년기에 이르면 좀 더 구체적인 내용을 담는다. 오줌 줄기가 멀리 가기는 말할 것도 없다. 오줌 줄기가 얼마나 굵으냐부터 변기에 떨어질 때 얼마나 우렁찬 소리를 내느냐까지 자랑거리가 다양하다. 이렇게 하여 오줌 누기는 바로 남자의 자존심과 연결된다. 어쨌거나 요즘의 나는 소변기와 거리가 가까워지는 만큼 남자로서 긍지가 조금 죽어서 살고 있다. 그렇더라도 버스에서 내려 휴게소 화장실에 갈 때는 여자가 아닌 남자로서의 자부심이 살아나곤 한다. 왜냐면 여자들은 앉아서 오줌을 눔으로써 줄을 길게 늘어선 모습을 흔히 본다. 남자는 서서 소변을 봄으로써 간편하여 빨리 끝낸다. 서서 오줌 누기가 노인이 되어서도 여자보다 우위를 느끼는 남자의 원초적 자존심으로 남아 있다.

얼마 전에 친구가 느닷없이 이상한 질문을 했다. "집에서 소변을 볼 때는 서서 보느냐? 앉아서 보느냐?"였다. 내가 이상한 질문이라고 한 것은 나는 지금껏 그 문제를 두고 한 번도 선택의 기로에 서 본 일이 없었다. 남자라면 당연히 서서 소변을 본다는 것이 지금까지의 내 생각이었고, 내 생활 태도였다. 나에게는 질문거리가 되지도 않는 거다. 의아해 하는 나더러 남자들도 앉아서 오줌을 누어야 하는 이유를 댔다. 가정집의 화장실은 남·녀 변기가 구분되어 있지 않다. 서서 오줌을 누면 오줌 줄기가 변기의 주변을 더럽힌다. 여자에게는 불결하기 짝이 없다. 그의 말이 맞기는 한데 나는 왜 고개를 끄덕이지 않았을까?

나는 애써 변명을 했다. "나는 변기의 앉는 부분을 들어 올리고 오줌을 누므로…" 내 말이 끝나기도 전에 그것도 안 된단다. 변기의 바깥으로 오줌 방울이 튈 수 있다. 여러 사람이 사용하는 변기라면, 그의 말에 수긍이 간다. 오줌 방울이 튀는 정도가 아니고 약해진 오줌 줄기가 더럽힐 때도 있기 때문이다. 그런데도 또 변명을 했다. "우리 집은 집사람과 나, 두 사람만 사용함으로" 내 말을 또 끊는다. 요즘은 여자를 배려하여 남자도 앉아서 소변을 보는 것이 시대의 추세란다. 나는 앉아서 소변을 누려는 생각이 없었으므로 이런저런 변명을 했다. 그렇더라도 나이 탓인지 오줌 줄기가 약해져서 오줌 방울이 변기 바깥으로 튀는 일이 거의 없다는 말은 차마 할 수 없었다. 아직은 남자이고 싶은 욕망이 그 말을 못하게 했는가 보다.

우리 문학회의 모임 자리에서도 남자들이 앉아서 오줌누기가 화두에 오른 일이 있었다. 회장님은 "남자의 마지막 자존심인데"라며 씁쓸한 반응을 보였다. 그러나 말머리에 '오늘에는' 이라는 조건을 달면 아무리 발버둥쳐도 구시대인의 가치를 블랙홀처럼 빨아들인다. 내 자존심도 회장님의 자존심도 허망하게 무너져버릴 것이다. 어찌하여 남자들의 처지가 여기까지 이르게 되었을까?

"화장실에 남·녀 변기를 따로 달면 될 텐데" 라는 내 말에 "집 짓기에 돈이 많이 들잖아." 내가 대꾸할 말이 없어진다.

텔레비전을 보니까 연예 프로에 나온 젊은이가 서서 오줌누기의 나쁜 점을 이야기한다. 대담에 참여한 사람들은 아무도 반론을 펼치지 않았다. 고개만 끄덕끄덕했다. 나는 "내 참!"이라고 했지만 영감탱이들은 내 말에 동조할 것 같다.

음식물 찌꺼기를 버리는 노인

아침 산책을 다녀오는 길이다. 아파트 입구에 있는 쓰레기 통 앞에서 할아버지 한 분이 음식물 찌꺼기를 나누고 있었다. 별로 좋은 모습이 아니어서 흘깃 바라보며 지나쳤다. 며칠 전에 할머니 한 분이 음식물 찌꺼기를 들고 서 있을 때는 당연하다 싶어 곁눈질 한 번 하지 않고 지나쳤다.

생업에서 물러나 백수로 지낸 지가 거의 10년이다. 처음에는 미리 노후 설계를 해 둔대로 공부하러 다니느라 바빴다. 시간이 지나면서 백수가 바쁘다는 핑계를 대는 것이 너무 속보이는 짓 같았지만, 어쨌거나 누가 무어라 해도 바쁜 시간을 보내고 있다. 나름대로 하는 일이 늘어났기 때문이다.

젊었을 적에는 집안일을 거들떠보지도 않았다. 아내는 "손끝 하나 까딱하지 않는다."며 불만을 쏟아냈다. 그때 아내는 주부습진을 앓느라 비눗물이나 쓰레기 만지는 것을 질색했다. 안쓰럽기는 해도 나는 남자이고, 바깥에서 돈을 벌어 오는 일을 한다 싶어 집안 일은 무관심했다. 고무장갑 끼고 일을 하는 아내가 저녁이면 손이 가렵다며 연고를 발랐다. 그러면서도 나더러 부엌일을 도와 달라는 말은 하지 않았다. '부엌일은 여자의 몫이다.'라는 규범의 감옥이 너무 강고하여 입을 떼지 않았다. 지금 생각하면 아내가 지금까지도 원망하는 일이지만 규범이라는 옥살이에서 탈출할 꿈도 꾸지 않았던 소소한 개인사적인 일이 한둘이 아니다. 남자와 여자로 나누는 벽이 너무 단단하여 벽을 허물 생각은 아예 하지 않았다. 그 할아버지를 조금 처량하게 바라본 것도 그러한 벽이 아직 남아 있어서이다.

은퇴하고 집에 머물다 보니 밖에 나가 돈을 벌어 온다는 이유의 근거가 없어졌다. 아내를 돕기 시작했다. 제일 먼저 시작한 일이 부엌 설거지였다. 남에게 말할 때는 아내가 주부습진을 앓아서 도와준다는 핑계를 댔다. 부엌일 하는 것이 떳떳하다고 생각했다면 핑계 댈 리 없다. 어느 사이 방 청소도 나의 몫이 되었다. 이것도 따지고 보면 아내가 무릎도 아프고 허리도 아파서 엎드려 청소하는 일이 너무 힘들어 보여 도와주던 일이 이제는 나의 일이 되었다.

젊을 때부터 집안일을 거들어 주지 않는다고 투덜거리던 아내도 며느리가 오는 날이면 나를 부엌에 얼씬거리지도 못하게 했다. 나도 며느리 앞에서 설거지하는 일이 내키지 않아서 부엌에 들어가지 않았다. 우리는 스스로에 대해서 이중적인 눈으로 바라본다. 며느리가 없을 때나 며느리 앞에서나 다르지 않아야 하고 부엌에 들어가는 일이 스스럼없어야 하는데…….

노인이 되어 백수 생활을 십 년쯤 하니까 사람이 변하나 보다. 설거지하는 일을 숨기기보다는 오히려 자랑한다. 남자가 부엌일을 하는 것은 나만 하는 줄 알았다. 다들 노인이 된 고등학교 동기 모임에서 설거지까지 한다고 자랑했다. 그때 나를 보는 친구들 얼굴에 감동의 빛이라곤 전혀 없었다. '그걸 자랑이라고, 나는 손빨래까지 하는데.'로부터 냉장고 청소까지 들먹이면서 나를 무안하게 했다. 그랬다. 나만 아니고 친구들도 노인이 되어 있었다. 우리는 여자 일을 하면서도 부끄러움을 모르는 노인이 되어 있었다. 나는 입을 다물었다.

아이들이 모두 떠나가고 둘만 살다 보니 내가 맡아 하는 일도 하나, 하나 많아졌다. 지금은 방 청소뿐 아니라 이부자리를 펴고 개켜 정리하는 일도 내 몫이 되었다. 아내는 내가 하는 것을 당연하다는 듯이 대한다. 언제부턴가. 아내는 며느리가 온 날에도 내가 설거지하는 것을 말리지 않았다. 며느리도 별로 놀라워하는 기색이 아니었다.

노인이 되기까지는 인생의 긴 여정을 거쳐 왔다. 청년기도 거치고, 장년기도 거쳤다. 그때는 삶의 의미를 이러쿵저러쿵 논하기만 했다. 노인이 되고부터는 논하지 않고 깨닫는다. 남자와 여자를 구별하지 않고 서로 도와주며 하나가 될 때 비로소 인생이 아름답다는 사실을 깨닫는다. 내가 음식물 쓰레기를 들고 나온 할아버지를 잠시 처량하게 바라본 것을 보면 삶을 깨닫기에는 아직 연륜이 모자란 듯하다. 삶의 방식이 바뀌는 속도를 나의 생각이 바꾸는 속도가 아직은 따라잡지 못하나 보다. 노인이 되어서야 이제 겨우 생각의 속도를 삶의 속도에 맞추려 하는 것 같다.

아내가 들고 나가던 음식물 쓰레기를 이제부터 내가 들고 나가 볼까? 아직은 마음이 썩 내키지 않는다. 아내도 쓰레기 버리는 일에는 나에게 불만을 늘어놓지 않는다. 노인으로 더 익어가야 음식물 쓰레기를 버리는 할아버지를 무심히 바라볼까.

모임 가는 길

벌써 여러 번째 시계를 들여다본다. 5시 30분이 되려면 아직 10분이 남아 있다. 조금 전에 보았을 때는 15분 전이다. 마음과 달리 시간은 천천히 흐른다. 지루해 하면서 시간을 보내고 있을 바에야 조금 일찍 집을 나서는 것이 더 좋을 듯한데, 굳이 5시 30분을 맞추려고 그냥 시간만 흘려 보낸다.

지난번 모임 때는 모임 장소에 도착하니 10분 전이었다. 자리가 텅텅 비어 있었다. 혼자 앉아 있으려니 공연히 손해 보는 기분이 들었다. '뭣들 하나. 조금 일찍 나오면 누가 욕이라도 한대' 짜증스러웠다. '다음부터는 절대 일찍 나오지 않으리라' 다짐했다. 늦게 도착한 사람이 내게 와서 "반갑습니다. 잘 지내시지요"

라며 손을 내민다. 나는 조금 전의 꽁한 마음이 어디로 가버렸는지 웃으면서 손을 마주 잡았다.

약속 시간이 5분이 지나고, 10분이 지나서 나오는 사람도 여럿 있다. '누군 시간이 남아 돌아서 일찍 오나. 약속을 지키려고 서둘러 나오는 거지. 늦게 오는 사람은 맨날 늦게 온다니까.'라며 속으로 투덜거렸던 그때의 기억 때문에 억지로 시간을 흘려보내고 있다.

하는 일 없이 시간을 보내려니 5분도 지루하다. 방문을 열고 밖으로 나왔다. 걸어서 지하철 역까지의 시간을 계산하면 조금 천천히 걸어도 될 듯하다. 지하철역에 닿자마자 시계를 보니 예측했던 시간이다. 계산이 맞은 것에 기분이 좋아져서 '어디 한두 번 다닌 길인가.'라며 흡족해 했다.

개찰구에 노인 무임 승차 카드를 대니 철거덕 하면서 문이 열린다. 느릿느릿 걸어서 계단을 내려갔다. 배차간격이 7분이라니 플랫홈에서 어정거리면서 5분쯤 시간을 죽일 수 있겠다. 띄엄띄엄 놓여 있는 의자를 바라보니 할머니 한 분이 빈 좌석에 가방을 올려놓아 빈자리가 없다. '아니 혼자서 자리를 다 차지하면 어떡해?' 솔직히 의자에 꼭 앉고 싶지도 않으면서 불편한 심기를 느꼈다. 속으로 한 말이지만 한마디 더 보탰다. '그러니 젊은이들이 늙은이를 싫어하지.' 채 2분도 안 되어 전동차가 들어왔다.

노란 선 앞에서 기다리고 있다. 의자에 앉아 있던 할머니도 내 곁에 섰다. 차문이 열리자마자 할머니는 재빨리 차 안으로 들어갔다. 나도 뒤따라가서 손잡이를 잡고 섰다. 할머니가 나를 뒤로 밀쳤다. 주춤거리면서 바라보니까 내 옆에 빈자리가 있다. 젊은 총각이 앉으려는 자세를 취하다가 할머니가 밀치는 바람에 나처럼 주춤했다. 자리에 털썩 앉은 할머니의 얼굴에는 미소랄까 묘한 표정을 지었다. 나도 모르게 쯧쯧 소리가 튀어나왔다. 얼마 전 친구가 한 말도 있었다. 요즘 젊은이들은 노인이 바로 앞에서 있는데도 자리에 먼저 앉아 버린다면서, '이 놈의 세상이 말세야.'라고 했다. 그런데 지금 나는 젊은이보다 할머니를 더 나쁘게 생각하다니. 할머니는 자리에 앉자 이내 손으로 무릎을 문질렀다. 집사람처럼 무릎이 아픈가 보다. 집사람도 전동차를 탈 때는 빈자리가 없나 하고 두리번거리잖아. 더 이상 생각하지 않기로 했다.

내 옆에 키 작은 여자애가 서 있다. 스마트폰을 꺼내더니 열심히 들여다보면서 손가락으로 화면을 이리저리 바꾸었다. 사진도 보이고, 글씨도 보였다. 나는 무심코 스마트폰 화면으로 눈길을 주었다. 나를 의식했는지 나를 핼끔 바라보는 여자애의 얼굴이 샐쭉하다. 기분 나빠하는 것이 완연했다. 나도 멋쩍었다. 얼굴을 돌렸지만 나도 기분이 언짢았다. '이 기집애야, 나는 돋보기가 없으면 까막눈이야. 글자 한 자도 못 읽어. 너의 스마트폰을 본 게 아니야. 불빛이 비추어서 무심코 본 것 뿐이야. 어디 버르장머리 없이 어른에게 눈을 핼끔거려.' 여자애로서는 기분이 나쁘다 싶으면서도 내 마음도 상쾌하지 않았다. 여자애는 언제 그랬냐는 듯이 다시 스마트폰 화면에 눈길을 주었다. 나보다 빨리 잊어버리나 보다.

반월당역에 전동차가 닿을 때까지 나는 잠시도 생각을 멈추지 않았다. 차에 오르는 사람과 내리는 사람들을 내 기분대로 평가했다. 그 사람들의 속내는 눈꼽만치도 생각하지 않았다. 반월당역에 닿았다.

에스컬레이터를 타고 올라가서 개찰구를 빠져나오면서도, 지상으로 나가는 계단을 올라가면서도 나의 생각은 잠시도 멈추지 않고 지나갔다. 무슨 생각을 했는지 기억도 나지 않는다. 시계를 보니 모임 시간이 15분이나 남았다. 그곳까지 가는 시간을 감안하면 이번에도 10분이나 기다려야 할 것 같다. 먼저 가서 멍하니 기다리기가 싫어 발걸음이 느려지면서 다시 계산을 했다. 지난번 기억 때문일 것이다. 모임 장소로 가는 길을 벗어나 종로로 접어들었다.

종로는 왜정 시대 번화가였다. 아픈 세월만큼 숱한 땟자국을 남긴 탓인지 칙칙하고 음울하다. 생기라고는 느껴지지 않아 추레한 모습이다. 어깨가 구부정한 늙은이 셋이 말없이 걸어온다. 그렇지, 담수회라는 노인들 모임의 장소가 종로라고 했지, 그러고 보니 노인들이 단골로 모이는 미도다방도 종로 부근이다. 사람이거나 거리거나 나이가 들면 활기를 잃나 보다.

이제는 모임 시간이 어지간히 맞을 듯하여 약속 장소에 갔다. 원로 회원 몇 분만 앉아 계신다. 나도 그 옆에 앉았다. 5분이 지나고, 10분이 지나면서 회원들이 와서 반갑다며 손을 내밀었다. 나도 반갑다면서 손을 내밀었다. 속으로는 10분 일찍 온 것이 억울하다는 듯이 '누구는 시간이 남아도는 줄 아느냐?'며 지난 모임 때와 하나도 달려진 게 없다며 투덜거렸다. 다음 모임에는 나도 늦게 나오겠다고 또 다짐했다. 사실 나도 시간이 늦어 허둥거리면서 참석한 일이 있었다. 그건 잊어버리고 나는 항시 옳은 사람이라고 믿으면서 살고 있다.

영감탱이가 되어서 젊은이들을 바라보면서 '우리가 잘못되었구나'라고 생각한 적이 많다. 영감탱이인 우리는 할 일이 없어서 제 시간에 나오고, 젊은 사람은 바빠서일까? 어쨌거나 약속 시간은 젊은이라서 더 잘 지키는 것은 아닌 듯하다.

반월당역 씨

대구에 살면서 반월당 역을 한 번도 지나치지 않은 사람은 없을 것이다. 대구광역시 인구가 이백오십만 명이고, 지하철이 연결된 뻗어 있는 경산시 인구가 삼십만 명이다. 주변 시군 인구까지 합하면 지나다니는 사람수가 삼백만 명은 너끈하다. 반월당역 씨는 이들의 속내까지 훤히 안다고 뻐긴다. 반월당역 씨의 말을 아무리 깎아내리더라도 별난 사람이라면 기억의 그물망에 걸렸으리라. 삼백만 명이라니. 어처구니없어 하는 내가 아니꼬운지 말투가 퉁명스럽다.

"나이답지 않게 챙이 달린 모자를 눌러쓰고 다니는 범어동 영감도 알고 있어. 왜 그런 모자를 쓰고 다니느냐고 물어봤더니 대답이 가관이야. 별생각 없이 아들의 모자를 쓰고 나갔는데 여인네가 "선생님 그 모자를 쓰니 십 년은 젊어 보입니다." 하더라는 거야. 젊다는 말이 모자에 마술을 걸어서 자기의 머리를 떠나지 못하게 한 거지. 자기와는 무관한 일이라는 거야, 자기 속내는 감추고 남의 탓으로 돌리는 것을 보면. 쯧쯧."

범어동에 사는 늙은이도 반월당역 씨의 말투에 기분이 상했다.

"이보시게. 반월당역 님. 전동차가 플랫홈에 닿을 적마다 에스컬레이터를 타고 올라가는 사람을 보면 줄을 지어 가는 개미떼 같지 않아? 똑같은 모습인데 어떻게 속내까지 다 알아. 말이 되는 소리를 해야지."

"왜 몰라. 젊어보인다지 않았어. 젊음은 바로……. 그게 진짜 속내지."

반월당역 씨가 말을 계속 하려다가 그만두었다. 뻔한 이치가 아닌가 하는 투다. 내가 왜 과민하게 반응하는 걸까? 행여나 내 속내가 드러나지 않았나 싶어서이다. 얼마 전이었다. 떠밀리다시피 에스컬레이터에 발을 올려놓았다. 바로 눈높이의 내 앞에

허벅지까지 훤히 드러난 다리가 보였다. 나도 모르게 눈길이 다리에 머물렀다. '눈높이잖아' 억지 변명을 하면서도 민망하여 눈길을 돌려버렸다. 나는 여자의 다리 따위는 관심이 없다는 것을 반월당역 씨에게 보여주기 위해 한 행동이었다. 에스컬레이터 벽면에는 취직이 잘 된다면서 대학을 선전하는 문구들이 파노라마가 되어서 뒤로 물러났다. 늙은이인 나하고는 아무런 관련도 없을 뿐더러 흥미도 없어 한 구절도 읽지 않았다. 그래도 읽는 척했다. 반월당역 씨도 나더러 주책이라고 말을 하지 않겠지. 어깨를 으쓱했다. 그런데 갑자기 오금이 저렸다.

나는 세 번이나 '모른다'라고 부정했던 베드로가 생각났다. 내 눈이 여자의 허벅지에 머물렀을 때는 흥미를 느꼈던 것은 사실이었기 때문이다. 사람들의 속내를 훤히 안다는 반월당역 씨가 또 나를 건드렸다.

"남자들이란 젊으나 늙으나 여자를 보는 눈이 뻔하다니까."

이 말은 내 젊은 날을 다시 불러내서 나를 찔끔하게 했다.

수련의 때 교수님을 모시려고 방석집 술자리를 마련했다. 우리는 맞선 보는 총각처럼 얌전하게 앉아 있었다. 교수님들이 먼저 자리를 떴다. 남아 있던 우리들도 교수님들처럼 옆에 앉아 있는 여자 몸을 만지기 시작했다.

"이봐요. 점잔을 빼던 의사 선생님도 속에는 짐승이 들어 있다니까. 남자들이란 늙으나 젊으나 모두 짐승이야."

까르르 웃으면서 내뱉는 말이었다. 겉과 속이 다르다는 말을 듣는 순간 움찔했던 기억이 되살아났다. 그리고 지금까지도 상흔처럼 기억에서 떨어지지 않는다.

나이 들어 결혼도 했고, 킨제이 보고서도 읽었다. 프로이트도 공부했다. 겉과 속이 다른 것이 인간이 지닌 속성이란 것도 배워 알고 있다. 그런데도 여전히 나를 섬뜩하게 한다. 반월당역 씨가 비아냥거리면서 하는 말도 겉과 속이 다르다는 것. 그의 눈치를 살피기가 바쁘다.

겉과 속이 다르다는 것은 부정할 수 없는 사실인데, 아닌 척하면서 살아야 하는 것은 비극이다. 그런데도 반월당역 씨는 나의 약점을 알고 있다는 듯 히죽히죽 웃으면서 깐죽거린다.

메두사는 보석 같은 눈을 가진 아름다운 처녀였으나 포세이돈과 성관계를 맺었다는 죄로 저주를 퍼붓는 추한 여인이 되었다.

메두사는 성의 상징으로서 매혹하는 얼굴과 섬뜩하게 하는 두 개의 얼굴을 가지게 되었다. 메두사를 훔쳐보는 자는 죽음 속으로 "빨려 들어간다. 메두사는 매혹의 얼굴이다. 매혹은 바라보는 자가 눈을 뗄 수 없게 한다. 다시 말하자면 메두사는 자신을 똑바로 바라보게 해 놓고는 그 자를 죽음의 구렁텅이로 인도한다. 우리가 만들어 낸 신화이다.

여자와의 관계에는 원초적으로 매혹과 두려움이 들어 있다. 양면을 매혹과 죽음으로 만든 거울을 쥐고 있는 것이 인간의 숙명이다. 여자의 다리에 매혹을 느끼지 않으면 두려움도 없지만, 여자의 다리에서 눈을 떼지 못하는 것이 남자들 숙명이다. 죽음이 두려우면 여자의 다리 따위는 바라보지 말라는 반월당역 씨의 말에 어이가 없어서 나도 한마디 했다.

"매혹하는 것을 바라보지 말라고? 그건 죽음이지. 살아 있는 사람으로서 가능이나 한가?"

"테세우스는 바로 보지 않았기에 메두사의 목을 벨 수 있었어."

반월당역 씨는 다시 나에게 말을 건넸다.

"내가 너를 비웃는 것이 아니야. 화내지 말게. 너야말로 입도 벙긋하지 않는 나에게 너의 두려움을 내 탓으로 뒤집어씌우는 것이 아닌가. 나는 지켜볼 뿐이라네. 이 역을 지나다니는 모든 사람들을 지켜볼 뿐 일언반구도 하지 않았다네. 너는 무엇 때문에 스스로 두려워하면서 내 탓으로 돌리는지……. 겁쟁이에다 비겁하기조차 하구나. 매혹하는 것에 눈을 뗄 수 없다면 겉과 속이 어떠니 하는 쓰잘데기 없는 소리도 하지 말라는 거지. 다리를 훔쳐보는 너보다 더한 짓을 해도 나는 못 본 척한다네."

수성구청역에 닿을 때까지도 기분이 좋아지지 않았다. 반월당역 씨보다는 많이 조용하다. 나는 에스컬레이터를 타고 아무 생각 없이 올라갔다. 저편에서는 두 사람이 내려왔다. '아니, 이건 또 무슨 꼴이람.' 젊은 여자애와 남자애가 꼭 끌어안고 서로 얼굴을 부비고 있었다. 내 곁을 지나칠 때도 떨어지지 않았다. 이번에도 못 본 척했다. 속으로 혀를 차면서 투덜거렸다.

"반월당역 씨는 나에게는 별별 소리 다 하더니만 어찌하여 저 젊은이에게는 한마디도 하지 않는가?"

"어쭈, 이 양반 봐라. 내가 언제 입이나 뗐어. 자기 스스로 나를 핑계대면서 떠들었잖아. 하기야 말이 나왔으니 말이지만 사랑을 나누는 모습은 아름답지 않소?"

나는 눈에 저절로 들어온 여자 다리를 바라보았을 뿐인데 비난하는 온갖 소리들이 몹시 불편했다. 젊은이에게는 아름답다 했을까? 아주 태연한 표정인 젊은이를 바라보면 반월당역 씨의 말마따나 입도 벙긋하지 않음이 분명했다.

모임에 나갔다. 내 나이들이다. 전철을 타고 다니면서 젊은이들이 포옹하고 있는 것을 보았으나 일부러 못 본 척했나 보다. 세상은 말세가 되었다고 목소리를 높였다. 바뀐 세상에 대한 두려움의 표현이다. 그러나 서로 끌어안고 있던 젊은이의 얼굴은 행복해 보였고, 평화로워 보였다. 두려움은 찾아볼 수 없었다. 반월당역 씨가 젊은이에게는 아무런 말도 하지 않았음이 분명하다. 벌 받을 짓이라고는 하지도 않는 노인들이 왜 말세라면서 두려워하는 걸까? 반월당역 씨는 할 말이 없습니까? 대답이 없다.

2
인터넷 시험을 치다

변화 앞에서 적응할 수 없을까 봐 얼마나 마음을 졸였던가.
우리가 사는 일이 이런 것인지 모르겠다. 안도의 숨을 쉬고 나면
다시 새로운 변화가 우리 앞에 나타나서 당황하게 한다.

그림 모임을 만들고 싶다

날씨가 제법 선선해졌다. 그림 모임 두 번째 학기 강의를 시작하였다. 첫 학기에 수강한 회원은 기대치보다 숫자가 적었다. 7월 더위가 기승을 부릴 때라 그렇다면서 날씨 탓으로 돌렸다.

오래 전부터 노후 생활 설계도에 미술 모임을 그려 넣었다. 진료실에 무료히 앉아 있을 때는 미술책을 뒤적거렸다. 한두 시간쯤은 금방 지나가버렸다. '이게 바로 내가 좋아하는 것이구나'라고 생각했다. 노후 생활을 할 때는 모임을 만들어서 미술 강의를 하는 것이 내 꿈이었다. 생업을 그만두기로 결정하고 주변 사람들에게 미술 모임을 만들고 싶다는 말을 했다.

“나도 미술 공부를 하고 싶었는데 잘 되었다.”

“내 주위에 그림을 알고 싶어 하는 사람이 많아, 내가 열 명쯤 데리고 가겠다.”

내가 말을 꺼내자 ‘정말 좋은 생각’이라고 동조하는 사람들이 이외로 많았다. 그때마다 나는 기분이 좋았다. 마음속으로 사람의 숫자를 계산해 보니까 스무 명은 거뜬히 넘어섰다. 그림사랑회라는 모임을 십년 이상 이끌어 오면서 느낀 것은 회원이 적어도 스무 명은 되어야 한다. 취미 모임은 의무감으로 참여하는 것이 아니고 말 그대로 취미 모임이므로 출석률이 들쭉날쭉했다. 모임에 열 명이 안 되면 흥이 나지 않았다. 미술 강의 모임을 만들면서 나는 곧잘 스무 명이 넘으면 강의실이 산만해지니까 열 명 남짓이 좋다고 말한다. 스무 명이 모이지 않으리라는 두려움으로 예방주사를 맞으려는 속셈이기도 했다.

그렇더라도 잔뜩 기대하고 첫 학기를 시작했다. 겨우 열 명쯤 모였다. 실망이 큰 만큼 섭섭했다. 열 명은 자신 있다고 장담했던 사람들, 또 다섯 명은 책임지고 보내 주겠다던 사람들 중에서는 한 명도 나오지 않았다. 꼭 나오겠다며 장소를 꼼꼼이 물어보던 사람도 나오지 않았다. 누가 말했다. 과잉으로 친한 척하는 사람은 믿지 말라.

그래도 첫 학기 동안에는 강의 내내 열 명 남짓 자리를 채워 주었다. 내가 열심히 하면 이 숫자에서 몇 명씩 늘어나리라는 기대를 가지게 해 주었다. 힘껏 준비를 하여 내 나름으로는 열심히 강의했다. 참여한 회원들도 진지했고, 재미있다는 말도 여러 번 하였다. 내 기대를 부풀려 주어 다음 학기를 기다리도록 했다.

두 번째 학기를 앞두고 여러 명이 전화로 참여하겠다는 약속을 했다. 내가 맡고 있는 수필문예대학 학생들도 참여 의사를 밝혀왔다. 꼽아 보니 거의 스무 명은 될 것 같았다. 그러나 막상 두 번째 학기를 개강하여 첫 강의 시간이 임박하였는데도 겨우 서너 명만 자리에 앉아 있었다. 강의 시간이 지나서 겨우 열 명쯤 회원이 모였다. 새로 나오겠다고 연락한 사람은 한 명도 나오지 않았다. 다행이라면 수필문예대생이 두 명 나온 것이다. 날씨가 덥지도 않아서 날씨 탓도 할 수 없었다. 회원들도 미안하다는 표정을 지었다. 첫 시간이라서 결석이 많다며 다음 시간엔 많이 나올 거라면서 위로했다.

실망이 컸다. 그런 속마음이 얼굴에 비치면 얼마나 속되게 보일까? 내색하지 말자. 내색을 일부러 않으려는 것도 오히려 마음에 부담이 되었다. 두 번째 강의 때는 아내도 내 강의를 듣고 싶다면서 같이 강의실에 갔다. 강의 시간에 맞추어서 다섯 명이 왔다. 강의 중에 두 명이 더 왔다. 강의 내내 씁쓸한 기분이었다. 아내에게 미안했다. 내가 수강생을 끌어 모을 능력도 없으면서 공연히 시작하였다는 회의가 엄습했다. '뭣이라고? 꿈이 노후에 문화교실을 개설하는 것이라고? 자기 분수를 알아야지.' 별별 생각이 한꺼번에 떠올랐다.

빔 프리젠테이션을 어깨에 메고 우리 집 현관을 들어서는 나더러 아내가 "오늘 강의는 좋더라. 나는 정말 재미있더라." 했다. "그래."라고 대답하였지만 맥이 풀렸다. 아내가 위로하려는 말인 줄 안다. '내가 미술에 관하여 내세울 경력이 없으니까 사람들이 모이지 않는 거야.' 속으로 중얼거렸다.

"이 세상에 태어났다고 뭔가를 남겨 놓고 떠나가야제."

이 말은 아내가 늘상 하는 말이다.

"나 말이야. 미술에 관한 경력이 워낙 없다 보니 사람들이 나오지 않은 거지? 이런저런 것들 모두 집어치우고 박사과정까지 대학원이나 열심히 다니면서 정말 좋은 논문이나 남겼으면 좋겠다.

많은 사람이 인용하는 그런 논문을 하나라도 남겨 놓고 가야제."

사실은 내 강의를 들으려는 수강생이 몇 명뿐이라서 내 자신에 대한 자책이었다. 주제넘게 취미 삼아 미술 공부를 좀 했다고 강의할 생각까지 하다니.

텔레비전에서 눈을 떼지 않고 있는 아내는 내가 왜 그런 말을 하는지 관심도 없으면서 "그것도 괜찮지"라고 무덤덤하게 대꾸하였다.

그리고 십 년도 더 흘렀다. 나는 은퇴하고 대학원에 갔지만 좋은 논문을 남기지 못했다. 그러나 미술 모임은 이끌고 있다. 서울 전시회 관람을 앞두고 조 선생이 말했다. 버스가 만원이라서 이제는 사람을 더 받을 수가 없어요. 지금의 나는 미술 모임을 이끄는 것이 영감탱이가 하는 일로서는 무척 보람이 있다고 만족하면서 살고 있다.

서울 나들이

르노아르 전시회

지난번 그림 사랑회 모임에서 박 선생은 서울의 르노아르 전시회를 관람하러 가자고 힘주어서 말했다. 이번 모임에서도 르노아르전에 출품된 작품이 아주 알차다면서 또 관람을 종용했다. 회원들의 반응은 시큰둥했다. 사실 전시회를 보러 가는데 10만 원이라는 돈이 적지 않으니까 선불리 동조하기도 쉽지 않았으리라. 이번에도 반응이 신통치 않아 곧 헤어졌다.

집에 와서도 박 선생의 제의에 회원들의 반응이 신통치 않은 것이 자꾸 마음에 걸렸다. 우리 모임 총무를 오랜 동안 맡아 일했던 박 선생이 모처럼 힘주어서 말했는데도 너무 무관심하다면 마음이 상할 수도 있으리라는 생각이 들었다. 집에서도 내내 마음이 무거웠다. 총무 배 선생에게 전화를 했다. 아무런 반응도 보이지 않으면 박 선생에게 미안하니까 일단은 소형 버스로 가기로 하고, 회원들의 의견을 수렴해 보라고 하였다. 지원자가 너무 적으면 포기하지만, 그렇게 하는 것이 박 선생에게 예의를 갖추는 게 아니냐고 했다. 그러면서 소형 버스는 비싸지 않으니까 모임 기금으로 충당하자고 했다. 소형차로 서울까지 가기는 불편한 점도 있지만, 반대로 우리끼리 많은 이야기를 나눌 수 있으니까 좋은 점도 있다며 설득했다. 회원들의 의견을 수렴해 보겠다고 했다. 다음날 8명이 신청하여 추진하기로 하고 소형 버스로 예약했다.

그림 사랑회를 창립한 지 15년이 되었다. 그림 사랑회는 창립 때 회원과 지금 회원은 많이 바뀌었다. 창립 때 회원은 내 나이 또래를 위시하여 비교적 나이가 많았다. 지금 회원을 그때 회원과 견주어 보면 한 세대쯤 아래다. 창립 때부터 회장을 맡은 나는 일을 추진하면서 회원 성향이 많이 달라졌음을 피부로 느낀다.

소형 버스로 네 시간이 걸리는 서울길이 좀 멀다는 생각도 들었다. 그러나 얼마 전에 나보다 한 연배가 많은 분들을 모시고 여행한 적 있다. 사회적 신분도 높았다. 교수님, 사장님, 원장님 등등 상류층 인사들을 모시고 종일 여행했다. 그분들은 전혀 불편한 내색을 하지 않았으므로 나는 불편하리라는 생각을 하지 않았던 것도 사실이다. 우리보다 윗 세대 분들은 좀 불편하더라도 내색하지 않는 것을 예의로 여기는 분들이다. 사실은 많이 불편했을 것이다.

일요일 아침 일찍 출발하기로 했다. 금요일 밤 배 총무로부터 전화가 왔다. "저어, 회장님 회원 중에……." 말끝을 흐렸다. "왜 그래요." 나도 궁금하여 다그쳐 물었다. "두 명은 KTX로 가서 서울에서 합류하기로 하였고, 또 일부 회원은 소형 버스로는 불편하다면서 리무진 버스로 가자고 하는데……." 배 선생은 말을 더듬거렸다. '겨우 열 명이 가는데 리무진을 대절하자고…….' 내 음성이 조금 높고 거칠었나 보다. 배 선생은 어쩔 줄 몰라했다.

나는 우리 회원들 한 명, 한 명을 잘 알고 있다. 심성이 곱고 착한 편이다. 그러나 십 년에서 이십 년 가까이 나이 차이는 생각의 차이를 가져올 수밖에 없다. 평소에도 자주 느끼던 일이었다. 나는 분노라고 할까, 서글픔 같은 묘한 감정의 파도를 느끼면서 이것이 세대 차이라는 것이구나 싶었다. '열 명이 가는데, 비싼 리무진 버스로 가자고, 모임 기금으로 버스를 대절하려고 하는데. 내 돈이 들어가지 않는다고 마구 쓰자는 것이지.' 이런 생각이 불현듯 들어서 나도 모르게 목소리가 높아졌나 보다.

"배 선생, 누가 그런 말을 하는지는 모르지만, 그러면 예약한 버스는 어떻게 합니까? 그 사람은 우리의 예약을 믿고 다른 고객을 구하지도 않았을 텐데요. 사람이 그렇게 살아도 됩니까? 얼마 전 일흔이 다 된 노인들도 이 버스를 타고 하루 종일 다니면서도 아무 말을 하지 않았습니다. 그분들 사회적 신분도 아주 높은 편이었어요. 불편하다고 따로 KTX를 타고 가고, 십 명뿐인데, 불편하다고 대형 리무진을 구하자고, 그러면 리무진으로 가세요. 소형 버스는 취소할게요. 그리고 저는 안 갑니다. 그림 사랑회도 그만 둘랍니다."

내 말에 노기가 실려 있었다. 아내도 내가 그렇게 전화를 받는 것을 본 적이 없다고 했다. 내가 살아온 삶의 방식으로는 도저히 이해할 수 없었다. 내 돈이 들어가는 것도 아니고 기금으로 버스를 대절하자는데 왜 그렇게 화를 냈을까. 내 연배들은 가난하게 살아온 삶의 방식이 몸에 베어서일 것이다. 배 선생은 당황하는 눈치였다.

"아, 예. 그냥 계획대로 하겠습니다."
하고 전화를 끊었다.

일요일 아침 집을 나서면서 그림 사랑회 회장을 물러나겠다고 마음먹었다. 같이 모임을 하기에는 이미 사고방식이 너무 다르다고 느꼈다. 분위기를 보아 가면서 그림 사랑회도 그만두겠다. 그림 사랑회를 창립한 지 어언 십오륙 년쯤 되었다. 창립 때부터 회장을 맡고 있었다. 세월이 흐르면서 창립 회원은 몇 명뿐이다. 회원의 구성이 많이 젊어졌다. 회원들 개개인은 착하기 그지없지만 나이 차이에서 오는 사고의 차이는 어쩔 수 없었다. 그들의 사고를 수용하자니, 세대 차이를 극복하기가 무척 힘들었다.

배 선생은 차를 아파트 앞에 세워 두고 나를 기다리고 있었다. 두 명은 KTX로 올라가고 나머지 열한 명은 버스로 간다고 하였다. 좁은 버스에 몸을 비비고 앉아서 웃고, 떠드느라 서울까지 가는데 지루하지 않았다. 전시회도 무척 알찼다. 박 선생이 이번 전시는 세계의 미술관에 흩어져 있는 작품을 수합하여 전시하므로 결코 실망하지 않으리라는 말이 맞았다. 그뿐 아니라고 바로 옆 덕수궁 미술관에서 열리는 보테르 전시회도 매우 풍성하였다. 이우환 특별전을 관람한 것은 과외의 수확이었다. 20년쯤 전에

돌덩이 하나 가져다 두고 작품이라고 억지를 부리는 전시장에 들린 생각이 났다. 가공하지 않은 자연의 돌을 전시장 바닥에 가져다 놓은 작품을 사진으로만 보았지 그 후로는 직접 보지 못하였다. 그 전시를 보았으니 서울에 잘 왔다는 생각이 들었다.

내려오는 길도 웃고 떠드느라 지루한 줄 몰랐다. 대구에 도착하자 좋은 관람이었다고 모두 인사를 했다. 이번 전시회 참관은 재미있고 유익하였다면서 이런 여행을 자주 주선하였으면 좋겠다고 했다. 이번 여행을 주선하느라 수고하였다는 인사도 빠뜨리지 않았다. 아무도 소형 버스라서 불편하였다는 말은 하지 않았다. 따지고 보니 소형 버스로 일고여덟 시간을 웅크리고 앉아서 여행하는 일은 피곤하다. 그런데도 모두가 좋은 여행이었다고 말해 주니 고맙기 그지없다. 다음 여행은 리무진은 아니더라도 대형 버스를 이용해야겠다.

우리 회원들은 내가 버스 때문에 불같이 화를 냈다는 사실을 모르는 듯했다. 내가 돈에 무거운 가치를 두었듯이 그들은 우리 영감들보다 풍요로운 세상을 살면서 돈에 무게를 두지 않고 편리하게 사는 데 더 무게를 두었을 뿐이다. 나는 그들의 생각이 나와 맞지 않다고 하여 화를 냈지만, 그들 또한 내 생각이 자기들과 맞지 않았지만 화를 내지 않았다. 뿐만 아니고 나를 따라 주었다. 그렇다고 하여 무엇을 판단 근거로 하여 내가 옳았다고 할 수 있을까. 사람들은 모두 자기 기준으로 살아가기 마련이다. 오히려 젊은이들이 나보다 인격 수양이 더 잘 되었다는 생각도 든다.

그림 사랑회에서 물러나야겠다던 아침의 내 결심도 슬그머니 꼬리를 내렸다. 우리가 젊었을 때보다 지금은 풍요로운 시대이다. '젊은이들이 편리함에 더 가치를 두는 것이 합리적이다.'라는 생각이 들었다. 우리 영감탱이들은 돈과 편리함을 아예 비교도 하지 않으려 한다. 가난하게 살았던 탓에 돈의 가치가 너무 깊게 각인되어서이다. 돈만 좇는 우리 늙은 세대들의 모습이 아름다울까?

* 지금은 그림 사랑회에서 대형버스를 대절하여 1년에 4회, 서울 전시회 관람을 갑니다. KTX로 가겠다는 사람도 없습니다. 지금은 대형버스가 빈 자리가 없습니다.

첫 수업

길에서 만난 후배가 자기 꿈이 선생님처럼 사는 것이라고 했다. "어떻게 사는 건데?"라며 되물으니까, 은퇴하고 나서 하고 싶은 일을 하지 않느냐고 했다.

그럴지도 모른다. 나도 시간에 쫓겨 출근을 서두를 때는 부디 이 쫓김에서 벗어난 삶을 누려 보는 것이 가장 큰 바람이었다. 그런데도 막상 은퇴하려니 주변 사람들은 하는 일 없이 시간을 보내는 것도 한두 달이지, 더 지나면 지루해서 짜증도 나고 스트레스도 쌓인다며 직장 일에 쫓길 때보다 더 부담을 받는다고 했다. 아내도 마찬가지였다. 정말 마음 편하게 늦잠을 자고 있는데도 근심스런 표정을 하고 이렇게 축 늘어져서 살아도 되느냐고 했다. 긴장은 건강 유지에 필요하다는데, 이렇게 긴장의 끈을 풀고 살아도 되느냐며 걱정을 해 주었다.

사실은 모임에서 자랑하듯이 '나 백수요'라고 하였지만 솔직한 심정으로 어떻게 자랑스러울 리가 있겠는가. 그래서 회의에 빠질 때도 더러 있다. 그런데도 아내가 걱정을 해 줄 때는 오히려 화를 낸다. 아픈 곳을 정확히 꼬집기 때문이다. '이럴 때는 내가 의기소침해지지 않도록 당신 너무 기죽지 말라며 위로해 주어야 현모양처라는 말을 들을 수 있지.'라고 중얼거린다.

은퇴를 앞두고 나름대로 준비한 것이 대학원의 진학이었다. 어쨌거나 어제 오후에 교실의 조교로부터 전화가 왔다. "선생님, 오늘 오후부터 수업인데요." "그랬나요. 전 다음 주부터인 줄 알았네요."라고 했다. 학기 시작쯤이야 인터넷에 들어가면 단번에 알 수 있다. 왠지 들어가기가 싫었다. 이번 주이든가. 다음 주이든가 하는 생각을 하면서도 왠지 확인하고픈 마음이 없었다. 대학원에 입학하고 나서도 내 행위에 대해서 의미를 쉽게 찾지 못했음일 것이다. 그래서 일부러 늦장을 부리면서 인터넷에 들어가지 않았을 것이다. 아침에 승용차로 학교까지 태워다 주면서 아내는 부디 졸지 말라는 말을 농담하듯 하였다. 왠지 요즈음은 낮잠이 많아진 것도 하나의 새로운 현상이다. 나이 탓이라고 하였다.

오늘은 종일 재학생들이 논문 발표를 했다. 제일 뒷자리에 가서 앉았다. 얼핏 보아도 내가 학생이라기에는 그들과는 모습이 많이 달랐다. 교수님들보다도 나이가 더 많으니 말이다. 발표 시간은 30분씩 배정되어 있었다. 발표자를 학년별로 나열해 두었는데 세어 보니 15명이다. 발표자들이 하나같이 30분을 넘기니 지루하게 느껴졌다. 듣고 있던 학생들은 꾸벅꾸벅 졸기도 하고, 틈틈이 소리를 죽여 걸으면서 교실을 빠져 나가기도 했다.

나는 그들을 힐끗힐끗 바라다보았지만 따라 나갈 수가 없었다. 학년이 제일 낮은 신입생이었고, 그것보다 나이 먹은 사람 체신머리 지키려고 그랬을 거다.

15명의 논문 발표가 끝났을 때는 저녁 6시가 훌쩍 넘었다. 저녁에는 신입생 환영식이 있었다. 신입생인 내가 먼저 피곤하다면서 집으로 돌아올 수가 없었다. 그것보다 오늘 저녁엔 임진수 교수의 프로이드-라캉 교실의 이번 학기 첫 강의를 시작하는 날이다. 그곳에 가야 하는데 출석할 수가 없게 되었다. '더운 여름을 잘 지내셨지요. 오늘이 무슨 날인지 아시지요. 저녁에 만납시다.'라는 폰의 문자를 프로이트의 총무가 보낸 것을 잘 기억하고 있지 않는가. 총무에게 전화를 했다. 복이 많아서 이제야 신입생 환영을 받게 되었다고 하니까 웃으면서 축하한다고 했다.

식사를 겸한 환영회의 분위기는 비교적 자유로웠다. 그렇더라도 참석한 사람들의 시선이 나에게 모이는 것은 부담이 되었다. 나는 신입생이니까 여기에 앉아 있는 사람들은 모두가 나의 선배들이다. 그런데도 선배 학생들이 내 앞에서 더 어려워하고 있으니까 문제적 신입생임이 틀림없다.

자기소개하는 차례가 되었다. 흥미진진해 하는 얼굴들을 둘러보며 직장에서 은퇴하고, 이제야 내가 하고 싶은 공부를 하게 되었다. 어떤 면에서는 은퇴가 아니고 시작이다. 이번 시작은 은퇴가 없는 삶이기를 바란다는 나의 소회를 말했다. 아무래도 호기심이 잔뜩 어린 눈빛들이다. 저 눈빛 속에는 나를 두고 사치스럽다고 생각하는 사람도 있을까. 면접 때는 교수님에게 공부에 자신이 있다고 큰소리를 쳤지만 사실은 두렵다고 이실직고하였다. "아침에 승용차로 학교까지 태워 주면서 아내가 하던 말을 잘 지켜서 그래도 졸지는 않았습니다."라며 인사말을 끝냈다.

어쨌거나 젊은 학생들이 바라보는 호기심 어린 눈빛과 선배처럼 살고 싶다는 후배의 말에는 은퇴 노인이 선택한 길에 관심을 가지는 듯이 보였다. 그렇다면 나의 대학원 진학도 생활의 일선에서 물러나서 앞으로 오랜 시간을 보내야 할 은퇴 노인들에게 길 하나를 제시해 본다고 믿고 싶다. 더 큰 바람이라면 논문이든, 저술이든 은퇴 노인의 흔적 하나를 남기고 싶다. 나를 부러워하는 사람들이나, 의심의 눈으로 바라보는 사람들에게 실망하지 않을 노후의 삶 하나를 보여 주고 싶다.

그것보다는 인사말에서 밝혔듯이 죽는 날까지 은퇴 없는 노후의 공부가 되었으면 좋겠다.

인터넷 시험을 치다

'이동민 님, 미학과 예술문화, 기말고사, 13일 오후 5시에 시험 시작, 시작 전 모든 준비 완료.'라는 문자가 들어왔다. 그 메시지를 보자 말자 공연히 불안이 스며들었다. 인터넷 강의를 신청하면서 집에서 자유롭게 시간 내어 공부하니 얼마나 편안하겠는가, 라는 계산을 하였던 과목이었다. 그것은 잘못된 계산이었다. 낯선 공부 방법이라서 적응하기란 쉽지 않았다. 13일까지 날자를 꼽아 보니 아직 5일이나 남았다. 한 과목의 시험을 준비하는데 5일 간이면 넉넉한 시간이다. 그나마 마음이 조금 놓였다.

나는 1970년대 초에 대학원에서 공부했다. 지금이 2008년이니 40년의 시차를 두고 또 대학원에 다닌다. 뿐만이 아니다. 70년대에 대학원에서 학위를 받은 뒤로는 학교에서 강의를 듣고, 학기말 시험을 치러 본 일이 없다. 공부하는 방법이나 시험 치는 것이 예전과 같은 것도 있었지만 전혀 다른 것도 많았다. 인터넷으로 공부하고, 인터넷으로 시험 치는 일은 생소했다.

미학의 인터넷 강의를 한 학기 동안 들어 보았다. 강의를 들으려 컴퓨터 앞에 혼자 앉아 있으면 이상하게도 눈꺼풀이 스르르 내려앉는 것을 막을 수가 없었다. 연신 하품을 하다가 깜빡 졸기도 하느라 강의하는 말소리는 귓바퀴에서 파리가 날갯짓하는 소리를 내고 있었다. 교실에서 강의 들을 때보다 집중력이 떨어졌다. 아마도 나를 지켜보는 타인의 눈이 없는 탓일 게다. 어쨌거나 시험을 칠 내용을 한 번 더 훑어보았다. 공부한 내용이 기억과 망각의 경계를 수시로 넘나들었고 자신감도 생기지 않았다. 공부를 하려니 한 번 훑어보았다는 것을 빌미가 되어서 다시 읽어 볼 마음이 없었다. 게으름이었다.

젊었을 적에는 한 번만 읽고 나면 머릿속에서 얌전하게 머물고 있었는데……. 라면서 한탄스럽게 말했다. 지금 나이에 공부할 마음을 낸 것이 대단하다는 말을 들을 적마다 젊었을 적엔 공부가 수월했다고 이야기하였지만, 사실 그것도 정말인지 거짓인지 생각나지 않았다. 젊었을 적에도 여전히 시험을 앞두고는 불안하였음이 옳은 말일 게다. 지금도 그 생각을 하는 것은 나이를 핑계대고 불안을 떨쳐 볼까 하는 꼼수인지도 모른다.

이렇게 허둥거리면서 보낸 시간이 벌써 여러 날이 되었다. 오늘 오후는 시험을 치루어야 한다. 더 미룰 날도 없다. 그런데도 공부를 해야겠다는 마음이 생겨나지 않는다. 까짓것 한 과목인데, 오후에 정리해 둔 노트를 후딱 보아도 충분히 될 텐데 뭐, 오후에 한 번 읽어 보기로 하지 뭐. 아침부터 이런 생각을 수도 없이 하면서 시간만 축내고 있었다. 공부가 하기 싫은 것이 솔직한 심정인데 합리화하려 이런저런 핑계만 찾고 있다.

컴퓨터를 켜고 그 앞에서 강의를 들으려면 내 멋대로 책장을 건둥건둥 넘겨 가면서 공부하는 것하고는 다르다. 내 멋대로 시간을 단축시킬 수가 없다. 그런데도 나는 한 번만 쭈욱 훑어보면 된다고 고집을 부리면서 그냥 시간을 흘려보내기만 했다. 그래도 한두 번 훑어 보았다 싶어서 준비가 되었다고 생각하기 때문일까. 머릿속으로 공부한 내용을 떠올려 보면 안개 속처럼 흐릿하기만 하다. 생각할수록 오히려 더 불안해진다. 그 불안을 대면

하기 싫어서 아예 공부를 포기한 것은 아닐까?

이제 시험을 시작하기 30분 전이다. 학교를 다녔던 지난날의 경험을 되살려 보면 시험은 30분 전이 황금같이 귀한 시간이다. 급하게 노트를 뒤적이고 있을 시간이다. 그런데도 나는 마루 위를 어슬렁거렸다. 설거지통에 있는 빈 그릇을 씻기도 하였다. 이것은 여유가 아니고 긴장의 표현이다. 컴퓨터 앞에서 기다리려니 긴장이 되어서 일어섰다, 앉았다 하였다. 그래도 6~7분이 남아 있었다. 다시 일어서서 마루 바닥을 한 바퀴 돌았다.

시험은 쉬웠다. 끝내고 나니 허탈했다. 겨우 이 시험을 치르려고 5일 간이나 불안하였는가. 인터넷 시험을 준비한답시고 관심을 쏟고 있는 중국 회화사 공부는 한 페이지도 하지 않았다.

솔직히 말해서 미학은 대학원에서 규정 학점을 이수하려고 어쩔 수 없이 신청한 수업이다. 내가 하고 싶어서 하는 공부가 아니다. 그러다 보니 내가 치렀던 시험이 내 삶에서 얼마나 가치가 있는지 회의가 생겼다. 내 인생을 잠시 접어둘 만큼 값어치가 있는 것이었을까. 나는 온갖 생각을 했다. 시험이 끝나자 회의에 젖어 있었던 순간은 벌써 저만치 흘러가 버렸다. 시험을 앞두고 불안하였던 일들이 시시하고 하찮게 생각되었다.

집에서 컴퓨터 앞에 앉아 치르는 인터넷 시험은 우리가 학교를 다닐 때 시험과는 많이 달랐다. 세상은 이처럼 변화를 거듭한다. 변화 앞에서 적응할 수 없을까 봐 얼마나 마음을 졸였던가. 우리가 사는 일이 이런 것인지 모르겠다. 안도의 숨을 쉬고 나면 다시 새로운 변화가 우리 앞에 나타나서 당황하게 한다.

40년 전 대학원에서 치르던 시험과 지금의 시험은 근본적으로 다른 것은 아니다. 시험 보는 방법이 달라져서 적응하기가 힘들 뿐이다. 젊은이들이야 컴퓨터를 마주하는 일이 일상사라서 하찮은 일이겠지만, 늙은이에게는 공부보다 시험 보는 방법이 더 어렵다. 그렇다고 하여 포기해 버리면 더더욱 뒷방 늙은이로 밀려나 버리겠지. 다시 마음을 다잡으면서 '세라비(이것이 인생이다)'라고 중얼거렸다.

경흥사 답사기

"내일은 경흥사 답사를 가니까 선생님께서 차를 갖고 오세요."

교실 조교가 전화를 했다. 그러겠다고 했다. 내일이면 달리 하는 일도 없으니까 바람도 쏘일 겸 참가키로 했다. 조교가 내 의사를 묻지도 않고 차를 갖고 오라는 걸 보아서는 동양미술사를 전공하면 의무적으로 답사를 다녀와야 하는 듯싶다. 수업의 한 과정이라 싶었다.

경흥사는 경산에서 청도 쪽으로 치우쳐 있는 산자락에 자리 잡고 있다. 유월의 풍광은 더없이 맑고 싱그러웠다. 이름이 거의 알려져 있지 않는 사찰이라서인지 적막에 묻힌 절 분위기는 깊은 산사를 느끼게 해 주었다.

이 곳을 답사한 이유는 절에 모셔져 있는 부처님 조성 시기가 기록으로 남아 있기 때문이다. 임진왜란과 병자호란이 끝난 뒤 민심이 많이 피폐해졌다. 더구나 전란을 겪은 민심은 이 세상 저 너머에 있을 또 하나의 세상을 동경하였다. 사찰 건립이 유행처럼 번져 나가면서 불상 건립도 왕성했다. 그때 건립한 불상이므로 조선 후기 양식을 추출하는 데 좋은 자료가 될 것이라고 했다.

주지 스님은 출타 중이다. 절일 하는 보살님이 법당 문을 열어 주었다. 나는 열심히 불상의 사진을 찍었다. 옷의 주름과 신체의 비례 등에서 양식을 찾을 수 있을지도 모른다. 솔직히 말해서 불상의 양식에는 흥미를 느끼지 않았다. 석사 과정 신입생들은 그냥 멍하니 바라보고 있었다. 학부 때의 전공이 불교미술과 다른 학생이 대부분이었으므로 불교미술에 관해서는 백지에 가까운 학생이 많았다. 박사 과정에 있는 학생에게 신입생들에게 불상에 관해서 대강이나마 공부하는 방법을 이야기해 주었으면 좋겠다고 했으나 대답이 없었다.

나는 자꾸 예전에 병원에서 수련 받던 생각이 났다. 그때도 교수님은 회진 때 몇 마디 말씀하는 것이 전부였다. 환자를 진료하는 실질적인 기법들은 선배한테 배웠다. 답사 때 교수가 같이 나가지 않을 때는 그렇게 하였으면 좋겠다는 생각을 했다. 다른 대학에서 석사 과정을 문예미학으로 하였다는 장 선생은 불교미술이 너무 생소하다고 했다. 내가 기초나마 설명해 주겠다고 하였더니 고마워했다. 이왕이면 신입생도 들어 보면 좋겠다 싶었다.

"손의 모양을 수인이라고 하며……."

장 선생만 열심히 귀 기울여 듣고 있을 뿐, 다른 학생들은 저네들 끼리 잡담을 나누고 있었다. 약간은 씁쓸하였다.

시골 할아버지의 모습인 백승균 교수님을 만난 것은 민학회 답사 때와 시민 강좌 때였다. 민학회 답사 때에 시골 마을을 찾아가면 허름한 차림의 향토 사학자란 분들이 그 고장의 역사 이야기를 해 준다. 솔직히 말해서 학문적인 논리성은 거의 없고, 전해 오는 전설이나 다름없는 것을 역사라고 설명한다. 나는 귀담아듣지 않고 엉뚱한 짓을 하곤 했다. 그러나 백 교수님은 강사가 아무리 무명인이라도 정말 열심히 경청했다. 처음에는 지식 수준이 낮은 평범한 할아버지쯤으로 생각하였다. 나중에 알고 보니 철학을 하시는 교수님으로 계명대학교에서 목요 철학 세미나를 처음 개설하신 분이었다. 나는 크게 깨우침을 얻었다. 학문하는 자세는 저래야 한다고 생각하였다.

돌아오는 길에는 장 선생만 내 차를 탔다. 석사 과정을 다른 대학에서 마친 탓에 우리 학교가 무척 낯설다고 하였다.

"선생님, 요즘 젊은 세대들은 너무 쌀쌀맞지요?"

"하기야 요즘 세대들은 우리가 젊었을 적보다는 좀 이기적인 것 같네요."

"저도 그래요……. 학사 일정을 하나도 가르쳐 주지 않아서 적응하기 힘들었어요. 인사도 않고."

장 선생은 소외감을 느낀다고 했다. 사실은 나도 그랬다. 내 딸보다 어린 학생들과 공부하면서 그 정도의 불편함은 당연하다고 생각했다. 그렇더라도 첫 학기 때는 학사 일정을 몰라서 수강신청도 제때 하지 못했다. 우리 때와 달리 모든 일정이 컴퓨터로 처리된다. 컴퓨터 다루기가 미숙한 내가 일학기 때 수강신청을 잘못 하여서, 2학기 때 몰아서 하느라 고생깨나 했다.

"선생님이 설명할 때도 걔들은 무관심하데요. 저들과는 이해관계가 없다는 것이겠지요. 만약에 교수님이 나와서 한마디 하였다면 그럴까요?"

"그야 내게는 들을 게 없으니까 그랬지요. 장 선생이 너무 모른다고 하길래 내가 말한 건데."

나도 얼버무리고 말았다.

"걔들도 나처럼 백지이던데 뭘."

더 이상 이야기를 나누지 않았다. 경산에 있는 그의 아파트 앞에 차가 닿았기 때문이다. 집으로 오면서 공부는 왜 하는가를 골똘히 생각해 보았다. 문득 민학회 강좌 때마다 앞자리에서 열심히 강의를 들으시던 백 교수님이 떠올랐다. 그래 공부란 누구에게나 배울 것이 있는 건데, 그래서 공부를 하겠다고 노년에 대학원에 다니는데, 젊은이에게 의심을 가져서는 안 되지. 우리와는 세대도 다르잖아. 그럼, 암 그렇고 말고.

억지를 부려도 쉽게 고개가 끄덕여지지 않는다. 시간은 모든 것을 낡아지게 한다지만 아무래도 공부 법은 우리 세대가 옳은 것 같다.

한문 공부

노후에 할 일을 조선시대 회화사를 공부하는 것으로 정했다. 문헌도 조사하고, 현대 저서도 섭렵하면서 느낀 것은 중국 회화를 모르면 조선시대 회화를 알 수 없다. 중국 여행을 간 길에 중국 회화사 책을 한 권 샀다. 간자체로 쓴 책을 읽을 수가 없으니 그 책은 그림의 떡이었다. 우연한 기회에 산동성 제남시에 있는 명천출판사에서 2001년에 발간한 12권짜리 중국 미술사 책을 구했다. 백화문이어서 간자체보다는 쉬웠으나. 근본적으로 한문 실력이 모자라는 나로서는 답답하기는 마찬가지였다.

영남대학교 한문학과에서 정년퇴임하신 이장우 교수를 찾았다. 만나자고 약속한 장소를 찾아갔더니 서당 모양으로 꾸며 둔

대학원 강의실이었다. 몇 사람의 대학원생들이 둘러앉아서 조선 종이를 펼쳐 두고 먹을 갈고 있었다. 나는 멈칫거리면서 서예 연습을 하느냐고 했더니 수업 방식이 한자를 붓으로 종이에 쓰면서 공부한다고 했다. 조선시대의 교육 방법이었다. 얼마 전에 인터넷 방식으로 대학원 학기 시험을 치르던 나로서는 시간의 끝과 끝을 왕복하는 기분이었다.

일주일에 두 시간씩 이장우 교수님의 한문 강의를 들었다. 한문 실력이 일천한 나로서는 글자를 한 자, 한 자씩 외웠고, 단어장도 만들었다. 입으로 중얼거리면서 연필로 쓰기를 여러 번 했다. 그러나 하룻밤만 지나면 머릿속은 하얀 백지가 되었다. 교수님은 시의 평측법을 위시하여 여러 가지를 가르쳤지만 미술사 책의 읽기에 필요한 공부만 하기로 마음먹었다. 일 년이 지나고, 이 년이 지나면서 볼펜 글씨가 덧붙여져 있는 한문 책 페이지는 많이 넘겨져 있지만, 미술사 책 읽기는 그대로였다. 늘었다면 뜻으로 읽는 것이 아니고 눈치코치로 파악하는 능력이었다. 공부도 때가 있다는 것을 다시 한 번 확인하였다.

한 해, 한 해가 지나면서 사마천의 사기에서 시작한 한문 공부는 퇴계 선생이 아들에게 쓴 편지를 거쳐서 당시 300수 공부까지 이르렀다. 그 사이에 이장우 교수님은 서울로 이사를 가셨고, 경북대의 신재환 교수가 강의를 맡았다. 신재환 교수는 젊은 교수이다. 일일이 판서를 하면서 강의하던 이 교수님과는 달리 빔 프리젠테이션으로 교재를 비춰 주면서 강의했다. 컴퓨터에 입력해 둔 참고 자료를 수시로 빔 프리젠테이션으로 비춰 주었다. 한시의 뜻풀이를 강의하는 것은 같았지만, 신 교수는 시의 성조聲調를 짚어 가면서 강의했다. '평평측측측평평'하는 성조의 양식을 누누이 강조했다. 붓을 쥐고 공부하던 한문 강의를 빔 프리젠테이션으로 하고 있으니 얼마나 글의 진수가 전해질까?

나는 성조 따위는 관심이 없었다. 한문을 배우러 온 목적이 내가 구입한 '중국 미술사'를 읽으려는 것이었으므로 그냥 흘려들었다. 낯선 한자가 나오면 뜻을 찾아보는 것을 중요하게 생각했다. 빔 프리젠테이션으로 비춰 주는 시의 주해는 산문이었으므로 나는 산문으로 된 주해 읽기에 더 관심을 가졌다. 산문 읽기는 미술사 책을 읽는 데 필요했기 때문이다.

당시 300수를 두 번이나 들었고, 송시宋詩도 공부했다. 중국 문학을 공부하다 보면 바늘에 실처럼 따라오는 것이 중국 역사이고, 중국의 인물들이다. 한문 공부를 하러 가서 중국 역사를 들어서 배웠고, 중국의 역사적 인물의 삶이 나도 모르는 사이에 내 안으로 스며들면서 인생 지침서가 되어 주었다. 송시를 배우면서 송나라의 나약한 모습을 통해 우리나라를 돌아보기도 했다. 그래도 한문 실력은 제자리걸음이다. 내가 무엇하러 공부하러 다니는지 회의가 들 때도 많았다. 서당 개 삼 년이면 풍월을 읊는다는데, 나는 십년 동안 한자 냄새를 맡으러 다녔는데도 풍월은커녕 풍월 흉내도 못 낸다. 무엇하는 짓이고? 자문해 본다. 대답은 뻔하다. 공부하러 다니지 않으면 집에서 무엇을 할 건가. 방안에서 하는 일 없이 죽치고 앉아 텔레비전만 보고 있겠지. 공부를 하기 위해서가 아니고, 무엇을 하지 않기 위해서라는 것이 이유가 될 듯도 하고, 아닐 듯도 하다.

공부하는 데 회의하는 나더러 지인이 좋은 말을 해 주었다. "콩나물 시루에 물을 주면 물은 주루룩 흘러버리는 것 같지만, 콩나물은 소리 없이 자라고 있어." 십년 동안 물이 되어서 흘러버린 한문 공부의 내용이 얼마나 많은지 가늠도 못한다. 나는 백화문으로 된 중국 미술사 책을 한 번씩 꺼내 펼쳐 본다. 띄엄띄엄이긴 하지만 책을 처음 구입했을 때보다 읽혀지는 내용도 있다. 너무 더디긴 해도 콩나물이 조금씩 자란다는 말이 맞는 듯하다.

영감탱이가 젊은이처럼 하고자 하는 일이 속성으로 만들어지기를 바라는 것은 지나친 욕심이다. 노인은 퇴행이 정상이라는데 거북이걸음이라도 조금씩이나마 앞으로 나아가는 것은 얼마나 즐거운 일인가.

회의는 쌓이고

대학원 입학시험을 치를 때, 면접고사를 받으면서 한국 회화사를 공부하고 싶다고 했다. 더욱이 조선 후기의 급변기에 우리 회화가 외부로부터 어떤 영향을 받았으며, 새로운 회화의 길을 어떻게 모색해 왔는지 깊이 있게 공부하고 싶었다.

대학원에 입학하고 나서야 비로소 전공 학과의 특성을 알게 되었으며 교수님들의 성향도 알게 되었다. 입학 전에는 아무것도 모르는 상태에서 미학미술사학과라는 이름만으로 지원했다. 입학만 하면 그동안 꿈꿔 왔던 소망이 모두 이루어지는 줄 믿었다. 나이 든 사람에게 배움의 문을 열어 준 대학원이 고마웠다. 입학할 때 교수님께서 대학원 공부는 바깥에서 취미 삼아 공부하는 것과 많이 다르다고 말했으므로 막연하나마 많은 것을 기대하게 되었다.

당당하게 시험을 치르고 입학한 대학원은 서양 미술사와 동양 미술사, 그리고 미학을 공부하는 학과였다. 그야말로 미술 이론 분야를 모두 혼합하여 만든 학과였다. 무슨 이유인지 모르지만 세 과목을 모두 의무적으로 수강하도록 되어 있었다. 어쨌거나 나로서는 불만이 없었다. 어차피 취미 삼아 출발한 공부니까 이것저것 널리 아는 것이 나쁠 리 없다. 노후에 교양인답게 여러 분야의 지식을 습득하는 것이 오히려 흡족했다.

내가 잘 몰랐던 미학 공부도 재미있었다. 시험을 치르느라 곤혹스럽긴 해도 서양미술사도 체계 있게 공부하는 것이 즐거웠다. 문제는 동양 미술사였다. 조선 회화사를 공부하고 싶었으나 전공 교수가 없어 동양 미술사 교수님을 지도교수로 모셔야 했다. 담당 교수는 불상이 전공이다. 3학기 내내 불상만 공부했다. 그것도 접근하는 방식이나, 공부할 대상에 대해서는 나와 관점이 달랐다. 젊은 교수답게 열정이 넘쳤으나, 학문을 좀 더 폭 넓게 바라보는 시야가 좁아 보였다. 더욱이 문헌 자료가 없는 연구는 인정하려 하지 않았다. 산비탈에 남아 있는 마애불은 어디 가서 문헌 자료를 구한단 말인가.

불상에만 매진하여 리포트를 제출하고, 답사하고, 발표하다 보니 막상 회화사에 대해서는 공부할 기회를 오히려 박탈당한 느낌이었다. 한 학기, 두 학기가 지나갈수록 불만이 쌓여 갔다. 3학기 때도 또 불상을 공부한다고 했다. '조선 회화를 공부하러 학교에 들어왔는데…' 3학기가 시작되었을 때는 슬며시 불만이 생겼다. 교수님을 찾아가서 회화사를 공부할 수 없느냐고 건의하였으나 교수님은 아무런 반응을 보이지 않았다. 그런데 수강 계획표를 훑어보니 또 불교미술이었다. 더구나 관심도 없고, 공부하고 싶은 생각이 추호도 없는 일본 불상이었다. 교재마저 한 줄도 읽을 수 없는 일본어 책이었다. 나에게 과제가 맡겨졌을 때, 나는 교수를 찾아가서 나의 심정을 솔직하게 말했다. "나에게는 일본 불교 미술에 대한 자료도 없고, 설령 자료를 구할 수 있다 하더라도 일본어를 읽을 수 없으니까 공부하기가 힘이 든다"고 했다. 일본 불상을 전공으로 박사 과정을 밟고 있는 학생하고 의논하여 공부하라는 말만 들었다. 나는 투덜거리며서 되돌아올 수밖에 없었다. 솔직히 말해서 일본 불상 때문에 일본어를 공부할 생각은 없었다. 나는 조선 회화를 공부하려면 한문 공부를 더 해야 된다고 생각하였다. 교수님 말대로 박사과정의 일본 불상을 전공하는 여학생에게 일본어를 몇 마디 물어볼 때, 그녀의 쌀쌀맞은 태도는 지금 생각해도 기분이 상한다.

결국 석사 과정 동안에 미술사는 불교미술, 그것도 불상 공부만 하는 셈이었다. 회화에 대한 공부는커녕 구경도 못하였다. 불상 공부도 역사에 따른 체계적인 것이 아니고, 하나의 불상을 선택하여 전문적으로 공부하는 방식이다 보니 내가 하고 싶은 공부는 오히려 점점 멀어지고 회의만 잔뜩 쌓여 갔다.

대학원에 입학하면서 큰 꿈을 안고 미술사 책을 구하였다. 열두 권짜리 중국 미술사를 수소문하여 중국에서 큰돈을 지불하고 어렵게 구입하였다. 조선 회화를 공부하려면 중국 회화사를 반드시 알아야 한다. 한문 실력이 모자라다 보니 겨우 몇 줄만 읽었을 뿐이다. 영남대학교 한문학과에서 정년 퇴임하신 이장우 교수님에게 한문을 배우러 다녔다. 나는 일어 대신에 한문을 선택하였다.

'이럴 바엔 뭣하러 대학원에 들어왔어.' 나는 혼잣말로 투덜거리면서 발표할 불상 자료들을 모았다. 불교 미술의 이해에 필요하다 싶어, 불교 교리도 대충 훑어보았다. 수업 시간에 불교 미술이 조성되었던 배경을 두고 교수하고 논쟁을 벌이기도 하였다. 자기가 옳다고 강압적으로 나를 욱박지를 때, 나는 학생 신분이어서 말꼬리를 감출 수밖에. 그러나 지금까지도 내가 옳다고 굳게 믿고 있다. '대학원을 그만두고 회화 공부에 전념할까? 어차피 대학원에 다녀도 독학하는 것인데….' 나는 학위를 받으려고 대학원에 다닌다고 생각하지 않았으므로 그림 공부를 좀 더 하고 싶어서 입학하였다고 말한다.

나를 더욱 초조하게 만드는 것은 내 나이였다. 교양 삼아 여러 가지를 폭넓게 공부하는 것도 좋지만, 나에게는 다양한 지식을 받아들일 수 있을 만큼 시간이 넉넉하지 않다. '나는 지금 노후를 보내고 있잖아.'라며 회의에 젖곤 한다. 더군다나 요즘은 기억력도 감퇴하여 학습 능률도 오르지 않는다. 별별 생각들이 머리를 스쳐 갔다.

불교 미술 강의를 더 이상 듣지 않기로 한 것은 나로서는 중차대한 결단이었다. 한국 회화사가 동양 미술이라고 불상을 전공하는 교수를 지도교수로 모신다는 것은 아이러니한 일이다. 다른 학생들처럼 지도 교수 눈 밖에 나지 않기 위해 억지로 불상 공부를 하고 있지만, 사실은 불만이 이만저만이 아니었다. 지도 교수의 강의를 포기하자니, 나로서는 용기가 필요하였다. 최악의 경우엔 학위를 포기해야 하기 때문이다.

내가 대학원을 다녔다는 것을 증명하는 것은 학위뿐이다. '미술을 전공하지 않았잖아'라고 하는 타인의 눈총에서 떳떳할 수 있는 것은 학위 취득뿐이다. 학위는 백수를 보람 있게 보낸다는 것을 내세울 수 있는 유일한 증거이다. 그런데도 학위를 포기할 거냐? 나를 끈끈이처럼 붙잡고 놓아 주지 않는 것은 학위에 대한 욕심이다. 학위에서 파생되는 즐거움이다. 그런 욕망을 포기한다는 것은 나를 우울하게 했다. 문득 '인간의 굴레'에 나오는 한 구절이 생각난다. 예술이 인생에 봉사해야지 인생이 예술에 봉사하는 것이 아니다. 그렇다, 나의 인생이 학위에 봉사할 필요가 있느냐? '내가 하고 싶은 공부를 하는 것이 삶의 목표가 되어야지 않겠느냐? 한편, 내가 왜 가리늦게 대학원에 들어와서 공부하는데….' 하는 갈등과 회의만 끊이지 않았다.

그즈음에 담당 조교로부터 통도사 답사에 필요한 자료를 리포트로 제출하라는 연락이 왔다. 나는 불교 미술이 나의 전공도 아니고, 흥미도 없으니까 답사에서 제외시켜 주면 좋겠다고 하였다. 조교는 "선생님, 그러시면 안 되지요. 동양 미술을 전공하면 반드시 사찰을 답사하고 리포트를 제출해야 합니다." 강압적인 말투에 나도 화가 났다. 전공 문제로 기분이 좋지 않았는데, 젊은 세대에 대한 불만도 많았는데, 그의 말투가 도화선이 되었을 것이다. "이봐! 난 자네들하고 달라. 난 공부를 즐기러 다니는 거야. 하고 싶지 않은 공부는 흥미가 없어. 불상 전공이 아니라서 답사는 관심조차 없어. 안 가." 그러고는 전화를 끊었다.

화가 나서 그렇게 말하고 전화를 끊었지만, 나는 문득 무슨 해답이라도 찾은 느낌이었다. '그래 맞다. 학위 받을 생각만 않는다면 내가 하고 싶은 공부를 할 수 있잖아. 그래, 이제는 불교 미술은 공부하지 말자. 비록 독학이겠지만 회화 공부에 내 열정을 바쳐 보자. 논문 대신 그 시대를 총괄하는 책이나 써 보자. 한문 공부나 좀 더 열심히 하자. 그래, 언제쯤 될는지 모르지만… 조선 후기 회화에 관한 책을 써 보고 싶다.'

그리고 몇 년 뒤, 나는 『조선 후기 회화사』를 단행본으로 출간했다.

덧붙이자면 우리나라 대학원은 제도가 잘못되어 있다. 공부하고 싶은 과목에 맞추어 다니는 대학원이 아닌, 교수를 찾아서 입학해야 한다. 우리나라 대학원은 입학만 하면 나를 지도해 줄 교수가 없어도 다녀야 한다. 그러고도 학위가 나온다는 것은 잘못되어도 많이 잘못되었다.

나는 내 책을 사랑한다

영감탱이가 된 탓인지 요즘에는 텔레비전을 보면서 종교 채널로 자주 돌린다. 언제부터인지 딱 꼬집어서 말할 수는 없지만 흥미진진하던 연속극은 왠지 시들해지고, 인생을 깊이 있게 짚어주는 내용은 흥미롭다.

종교는 현세를 가벼이 바라보는 경향을 보인다. 노스님이 나와서 '임제어록'을 설하면서 무사無事를 설명하였다. "마음을 비워라. 욕심을 버려라"는 뻔히 아는 이야기이다. 젊었을 적에는 "또, 그 소리냐."라며 귓전으로 흘려버렸으나 요즘은 공자님 말씀 같은 이야기인 줄 알면서도 귀를 기울인다. 한 걸음 더 나아가서 "그래, 맞아."라며 맞장구를 친다.

세상살이란 뜬구름이다. 욕망도 모두 뜬구름이다. 내가 다른 사람의 시선을 끌려고 온갖 짓거리를 하는 일이 얼마나 허망한 짓인가. 헛된 일이다. 헛된 일……. 헛된……. 그러나 이런 말을 하려니 사실은 그렇지 못한 내 자신이 거짓처럼 느껴져서 말소리가 자꾸 잦아든다. 다른 사람이 나를 부러워하고, 나를 높이 바라보기를 바라는 마음이 없어지지 않기 때문이다. 욕망이 헛된 꿈이 아니고, 가치가 있다는 믿음을 버리지 못하기 때문이다.

나는 생업에서 은퇴하고 노후 생활을 시작하면서 몇 가지 목표를 정하였다. 죽을 때는 적어도 스무 권의 책을 남겨 두자는 것도 있었다. 좀 더 나를 들여다보면 그런 목표를 세운 데는 나름대로 이유랄까, 욕심이 있다. 이십 년 가까이 수필을 쓰면서 내 글을 읽는 독자가 극소수라는 사실을 깨달았다. 수필 잡지에 글을 발표해도 읽어 주지 않는 글은 나에게 아무런 의미가 없다. 수필을 읽어 주기를 바라서 글을 발표하였다면 내 꿈은 지금 무참히 부서진 셈이다. 수필 모임에 참여하면서 나를 알아보는 사람은 내 글을 통해서라기보다는 다른 이유로 기억한다는 사실을 알고 실망했다.

그럴 바에야 아예 수필집을 만들어서 보내 주면 책을 낸 사람으로서 기억해 줄 것이라고 믿었다. 그러면 가까운 사람은 축하도 해 주리라. 그러다 보면 내 이름을 수필가로 기억해 주리라. 그냥 수필가가 아니고 수필집을 낸 수필가로…, 나는 이런 헛된 꿈을 꾸면서 책을 발간하였다. 수필집의 발간이 많지 않았던 시절에는 책을 보내 주어서 고맙다는 편지를 많이 받았다.

일곱 번째의 책인가, 아니 여덟 번째의 책을 지인에게, 전국에 산재한 수필가들에게, 그리고 내가 15년쯤 몸담고 있었던 문학 단체 회원에게도 우송하였다. 요즘은 축하 편지는 뜸하다. 회원이 책을 발간하면 문학 단체에서 운영하고 있는 카페에 축하한다는 글이 올라오는 것이 시류의 흐름이다. 그러나 책을 보내고 한 달이 지나도 카페에 축하의 글을 올리는 사람이 아무도 없었다. 원로 회원 두어 분이 옛날처럼 축하한다는 편지글을 보내셨다. 나는 축하의 글이 카페에 올라오기를 은근히 기다리고 있었다. 더욱이 글을 재미있게 읽었다는 댓글이라도 올라온다면 더 기쁜 일이 아닌가. 나보다 앞서 책을 낸 분은 가까운 사람들이 모여서 축하하는 식사 모임도 가졌다는 말을 들었다. 섭섭한 마음이 생겼다. '에라. 모르겠다. 내가 직접 올려야겠다.' 싶어서 책을 낸 사실을 카페에 올렸다. 스스로를 내세우는 일은 성숙되지 못한 인격을 드러낸다고 배워서 여간 찜찜한 것이 아니었다. 그러나 섭섭한 마음이 인격적인 삶보다 더 강했었나 보다.

이번에 발간한 '문학치료와 수필'은 다행히 출판사에서 출판을 해 주어서 나는 책만 조금 받았다. 자비로 책을 출판한다는 자괴감에서 벗어날 수 있어서 너무 기뻤다. 꼭 보내야 할 곳만 골라서 책을 보냈다. 나에게 미술사 강의를 들으러 오는 사람에게 책을 선사했다. 나는 내가 쓴 책을 사랑한다.

최근에 문학 모임이 끝난 뒤에 한담을 나누면서 차를 마신 일이 있었다. "나는 왜 책을 주지 않아요." "그게 아니고, 이번에는 책을 아무에게도 주지 않았습니다." 나는 당황하여 더듬거리면서 말하였다. 사실은 '책을 보내도 인사가 없어서 그랬어요. 출판사에서 판매하는 책이니 돈을 주고 사 보세요.' 라고 말해야 내가 나에게 솔직해지는 것인데도 나는 안 그런 척하였다.

책이 출판되기 바쁘게 다음에 출판할 책의 원고 쓰기에 바쁘다. 지금의 열정이라면 스무 권의 책을 남길 수 있을 듯하다. 어쨌거나 출판 중독에 걸려 있는 것이 분명해 보인다. 중독 증상이라면 그냥 병이다. 병이라서 나는 무소유에 마음이 혹하고, 무사를 설할 때는 '맞다'라고 공감하면서도 여전히 출판의 유혹을 뿌리치지 못한다. 다른 사람이 내 책을 읽어 주고…. 나를 알아주고…, 뿐만 아니라, 베스트셀러의 작가 되어서 사람들이 나를 부러워하는 환상에 젖으면서 즐거워해 본다.

중독이라는 말도, 병이라는 말도 듣기가 편하지는 않다. "나는 내가 쓴 책을 사랑한다."로 바꾸어서 말해 보니 한결 편안하다. 그러나 내가 무어라고 부르든지 병인 것은 틀림없어 보인다. 이왕이면 기분이 좋도록 '자기의 책을 사랑하는 병'이라고 해 두자. 책을 사랑하는 병, 괜찮은 변명 같다.

나는 생각을 다시 바꾸었다. 내가 책을 출판하는 것은 책을 사랑하기보다는 내 자신이 보람을 느끼고 즐겁기 때문이다. 내가 책에게 사랑을 베푸는 것이 아니고 책이 나의 인생을 즐겁도록 봉사하기 때문이다. 내가 즐거운데 병이라면 어떤가? 중얼거리고 나니 한결 기분이 좋다. 다시 말해 본다. 노후의 삶에 자족하며 사는 것은 즐거운 일이다. 노후의 건강을 위해서 일부러라도 자족하며 살도록 노력하고 싶다.

조선 후기 회화사

조선시대 회화사를 공부하면서 동주 이용희 선생을 나의 본보기로 삼았다. 나는 회화사가 전공이 아니다 보니 전공하신 분들에게 열등감을 가졌다. 동주 선생은 나처럼 비전공자이고, 미술학의 대학원에는 얼씬도 않았으면서도 '한국회화사론'과 '한국회화소사'라는 문고판 정도의 작은 책을 집필하여 한국 미술사학계에서 존경받는 인물이 되었다.

대학원에서 이런저런 이유로 회의에 빠져 있을 때, 불빛이 되어 나를 이끈 분이 동주 선생이었다. 그가 쓴 책에는 '완당 바람'이라는 기발한 생각을 담았다. 그 말이 나에게는 충격이었다. '옳다. 바로 이것이다.' 나는 학위 논문에서 회화사 집필로 방향을 바꾸었다.

책을 발간하고 난 뒤에는 많은 사람들이 큰일을 해냈다면서, 이 어려운 일을 할 생각을 어떻게 했느냐고 했다. 나의 입장에서 솔직히 말하자면 논문쓰기보다는 책을 집필하는 일이 더 쉽다고 생각했다. 논문을 쓰려면 지금까지 알려지지 않은 새로운 것을 찾아야 하지만, 책의 저술은 발표된 자료를 통합적으로 정리하면 된다. 논문은 젊은이의 섬광 같은 두뇌 작용이 필요하지만, 정리의 의미가 강한 책은 삶의 경험이 많이 축적된 노년기에 적합하다고 생각했다. 나는 조선 후기 중에서도 19세기 회화사를 쓰기로 마음먹었다.

나는 동분서주하면서 자료를 모았다. 국립중앙도서관과 국회도서관 그리고 논문 판매 업소를 통해서 약 일백여 편의 논문을 모았다. 미술 학술지에 실린 논문도 삼십여 편 모았다. 그리고 미술사 단행본으로 발간된 책도 구할 수 있는 것은 모두 구했다. 논문을 자료로 선택한 이유라면 논문은 비교적 사실에 입각하였다고 믿었다. 솔직히 말해서 미술 서적이나 신문 문화면에서 언급한 미술사적 내용은 독자의 취향을 눈치 보면서 쓴 것이 많다. 따라서 사실이 아닐 수도 있다고 믿었으므로 참고만 했다. 책의 제

목을 '조선 후기 회화사'라고 하고 부제로 '19세기 회화사'라고 했다.

자료를 구하여 책을 쓴 기간은 반년 넘게 걸렸다. 나의 삶을 생애라고 말하기에는 외람스럽지만 이때가 내 생애에서 가장 보람차고 즐겁게 보낸 시기이다. 더군다나 노후 생활의 일환으로 썼다는 것이 더 뿌듯했다. 자료를 구하고, 정리하고, 책으로 꾸며내기까지 보낸 6개월 여의 시간은 고통스럽기는 하였지만 즐거움이 따르는 고통이어서 시간 가는 줄 모르고 보냈다. 대학원 생활을 떠올리면서 '이보게 젊은이들, 노인도 이런 일을 할 수 있다네.' 라며 가슴을 폈다.

더 기뻤던 일은 출판사에서 내 책을 선듯 출판해 준 일이다. 미술 전공자도 아닌 노인이 쓴 책을 어느 출판사에서 출판해 주려고 할 것인가. 출판사를 구하지 못하면 자비로 출판하겠다는 생각을 했다. 이 책은 나의 노년을 상징하는 책이라고 보았기 때문이다.

책이 출판되고 나니 이 책을 누구에게 기증해야 할지가 생각나지 않았다. 나는 화가나 미술 전공자를 겨우 몇몇 사람만 알고 지냈으므로 기증할 만한 사람이 떠오르지 않았다. 나는 수필을 쓰므로 문인들은 비교적 많이 알고 지낸다. 문인들에게 책을 보냈다. 책은 보냈지만 문인들이 미술사에 얼마나 관심을 가질지는 의문이었다.

며칠 뒤 소설 쓰시는 분이 전화를 했다. 자기의 딸이 대학원에서 미술사를 전공한다고 했다. 딸이 말하기를 선생님의 미술사 책이 아주 좋다면서 칭찬을 하더란다. 자기는 오마이뉴스의 기자 일도 본다면서 내 책을 소개하겠다고 했다. 나는 고맙다고 몇 번이나 인사말을 했다. 그는 오마이뉴스의 기사를 메일로 보내 주었다. 아주 큰 면을 할애하여 소개해 주었다. 정말 고마웠다.

내가 발간한 책을 꼽아 보니 스무 권도 넘는다. 그 중에 '조선 후기 회화사'가 가장 애정이 간다. 자료를 구하여 책을 발간하는 과정이 제일 힘들었던 것이 이유이리라. 그 책 머리말을 나는 이렇게 썼다.

"한국 미술사에서 19세기 회화는 전통과 변화가 소용돌이치는 현장이었지만 영·정조 시대에 비하여 소홀하게 다루었다고 생각했습니다. 19세기 회화에 관심을 가진 이유입니다. 나의 작업이 은퇴 생활을 하는 사람들에게 귀감이 되겠다는 칭찬이 과찬인 줄 알면서도 듣기가 좋았습니다."

나는 조선 회화사를 공부할 때도, 회화사 책을 출판하기 위해서 바쁘게 돌아다닐 때도 노년에 어떤 목표를 가지고 뛰어다니는 그 자체가 보람이고 즐거움이었다. 책만 발간하면 나의 노년을 보람 있게 마무리한다고 생각했다. 그래서 회화사 발간은 내 노후의 목표였다. 책만 발간하면 더 할 일이 없어지리라고 생각했다. 그 목표가 이루어졌지만 노후가 끝난 것은 결코 아니었다. 내 앞에는 다시 언제 끝날지 모를 긴 시간이 기다리고 있다. 나는 여전히 노후 생활이라는 나의 삶을 이끌고 가야 한다.

이 세상 마지막 순간까지도 목표란 달성할 수 없다는 것을 깨달았다고 할까. 목표 달성이 불가능하더라도 또 새로운 목표를 세우기로 했다. 그것이 삶이었다. 노후도 여전히 삶 속에 있었다.

3
요즘은 그렇지 않아요

그때나 지금이나 세상은 다르지 않다는 생각을 했다.
내 손자도 제 애비에게 '요즘은 그렇지 않아요.'라고 말하면서도
또 제 애비를 닮아갈 것이다.

잔소리

내가 운전을 하면 아내는 옆자리에 앉는다. 지름길을 두고 왜 돌아가느냐. 오른쪽 길로 가야 빠르다는 둥 참견이 정말 심하다. 차가 교차할 때는 비명까지 질러서 깜작 놀라 급제동을 걸게 한다. 맞은편에서 오는 차는 저만치 떨어져서 유유히 지나가 버린다. 그럴 때는 짜증이 난다. 차는 운전대를 잡고 있는 사람 말만 듣는다. 차는 나를 믿고 아무 말도 하지 않는데 당신은 왜 나를 믿지 못하느냐? 아내의 말이 걸작이다. 차야 당신의 안전에는 무관심하니까 그런 거고 나는 당신을 염려하기 때문이지. 당신에게도 차보다 내가 더 중요한 거야.

우리는 좀처럼 자신의 잘못을 인정하지 않는다. 화가 나면 천천히 가자는 데도 더 빨리 달린다든지, 좌회전 길이라고 해도 직진해서 길을 찾아간다. 내가 옳다는 것을 이런 식으로 표현한다.

나는 방을 어질러 놓고도 사람이 사는 곳은 으레 이렇다. 명경처럼 맑아서야 살아 있는 사람의 냄새가 나지 않는다며 나의 주장을 합리화한다. 사실은 철저하게 믿고 있다. 아내가 내 방에 들어와서 방바닥에 널린 책을 주섬주섬 주워 책꽂이에 꽂으면서 연신 '어구, 어구'라는 소리를 한다. 못마땅하다는 거다.

무척 듣기 싫지만 참는다. 방을 어질러 놓는 것은 나쁘다는 것을 어릴 때부터 들어 왔기 때문이다. 곱지 않은 어투가 반복하여 신경을 긁으면 마침내 버럭 소리를 지른다. "내가 방을 치워 달랬어? 내 방은 나의 공간이야, 지금 당신은 내 생활을 훼방 놓고 있는 거야." 아내는 내 말을 전혀 이해하지 못한다. 방을 깨끗이 하고 산다는 것은 만고의 진리이다. 훼방을 놓는다면서 고함을 지르는 것은 내 성격이 고약해서 그렇다는 거다. 한술 더 떠서 부드러운 목소리로 "당신은 좋은 점이 참 많은 사람인데 버럭 고함지르는 것은 정말 고쳐야 할 버릇이다."라고 한다. 그의 낮은 목소리와 고함 소리는 비교가 되어서 나를 영락없이 나쁜 사람으로 만들어 버린다.

은퇴하고 집에 머무는 시간이 많아졌다. 집사람은 서예 연구실을 운영하다 보니 집 밖에서의 생활이 많다. 나는 틈틈이 설거지를 도와주다가 이제는 거의 내 일이 되어 버렸다. 밥그릇을 설거지통에 넣어 둘 때는 물에 담궈 두어야 씻기가 수월하다. 바쁠 때는 그릇만 넣어 두고 가버린다. 밥풀이 말라서 그릇에 달라붙어 있으면 쉽게 떨어지지 않는다. "당신, 그릇을 물에 담궈 두어라." "그래, 미안해." 하지만 말투가 별로 미안해 하는 것 같지 않다. 아마도 속으로는 '내가 평생을 가정주부로 살았는데 그런 거야 말하지 않아도 훤히 알아. 아이 다루듯이 잔소리를 늘어놓아.' 라며 불만스레 생각하였으리라.

드디어 불만이 터졌다. "당신, 요즘 잔소리가 늘었어. 늙으면 좀생이가 된다더니 별것 아닌 것도 일일이 군소리를 하더라." 나는 잔소리라고 생각해 본 일이 없다. 설거지를 해 보니까 불편하더라는 것을 알려 주었을 뿐인데, 집사람은 화까지 내면서 잔소리라고 하였다. 시간에 쫓기다 보니 깜박 잊은 것을 굳이 면박을 주어야 하느냐고 따질 때는 입을 다물어 버리는 것이 상책이다. 내가 마음이 너그러워서 한 발짝 물러선다고 생각한다.

입장이 바뀌면 사정은 달라진다. 나이 탓인지 화장실에 갔다가 불을 켜둔 채 나오는 일이 더러 있다. 아침에 들렸는데 저녁에 발견하고 깜작 놀라기도 한다. 아내가 먼저 알게 되면 불을 끄면서 꼭 한마디한다. "당신 화장실을 나올 때는 불을 꼭 꺼." 아차! 싶지만 이미 때는 늦어서 죄인이 된다. 아무리 변명거리를 찾아보아도 내가 잘못이었음이 명명백백함으로 할 말이 없다. 속으로는 '그냥 꺼버리면 될 걸 핀잔을 주어야 하나. 말하지 않는다고 내가 잘못한 줄 모를 줄 알아. 어린애도 아닌데 남편을 아이 타이르듯 말을 하다니. 속으로 투덜거린다.

살다 보면 아내가 잘못할 때도 있다. 앙갚음을 하려면 그때가 오기를 기다릴 수밖에. 모임에서 내 옆에 앉은 후배가 받는 전화에서 부인의 다급한 목소리가 들렸다. 일주일 전에 산 새 차가 길 위에서 서버렸단다. 전화를 끊고 게면쩍어 하면서 말했다. 아내와 차종을 두고 많이 다투었다. 아내를 이길 수 있나요. 자기가 원하는 차종을 선택하였다. 그 차가 일주일 만에 길 위에서 꼼짝을 않는단다. "그렇군요. 오늘 집에 들어가면 큰소리칠 수 있겠네. 내 말을 따르지 않더니"라고, "선배님, 오늘은 안 됩니다. 기분이 무척 상해 있을 텐데. 오늘 건드리면 감정을 더 상하게 하잖아요." 아차 싶었다.

우리는 서로가 불편함을 느끼면서도 잔소리를 왜 하는 걸까? 잔소리를 하는 이유는 자기가 옳다기보다는 자존심 때문이리라. 이것이 잔소리의 현상학이다. 후배에게 배운 것은 내가 옳을 때는 참아야 한다는 거다.

우리 영감탱이들은 내가 옳아서 옳다기보다는 내가 남자이므로, 남편이므로 옳다는 생각을 하는 것 같다. 그렇게 살아왔기 때문이다. 그런데 후배는 아내이기 때문에 그의 기분을 고려해 준다. 이건 아무래도 우리 영감탱이가 잘못하는 것이다.

소크라테스는 아내의 바가지를 어떻게 극복하였을까? 궁금하다. 알기로는 소크라테스는 아내의 잔소리를 묵묵히 듣기만 하였다지 않은가. 아하, 맞다. 그것이 평형을 유지하는 좋은 방법인 듯하다. 영감탱이가 하루아침에 아내를 후배처럼 대해 주긴 어렵더라도 소크라테스만큼이라도 하자.

도둑 이야기

안방에서 장롱을 뒤적거리던 아내가 비명을 질렀다.

"엄마야! 이게 어디 갔어. 분명히 여기에 있었는데 도둑이 들었나?"

아내가 지르는 비명 소리가 예사롭지 않아서 나도 황급히 안방으로 달려갔다. 아내는 장롱 문을 활짝 열어젖혔다. 끄집어낸 옷가지들은 방바닥에 어지럽게 널려 있다. 아내는 연신 "분명히 여기에 넣어 두었는데."란 말만 되풀이했다. 분위기가 심상치 않아서 나도 다급하게 "무슨 일인데?"라고 물어 보았다.

장롱 안에 넣어 둔 패물이 몽땅 없어졌다. 도둑을 피한답시고 패물함에 있는 것들을 작은 가방으로 옮겨 담아서 깊숙이 넣어 두었는데 감쪽같이 없어졌다고 한다. 아내는 얼굴이 해쓱해지면서 당황한 기색이 역력하다. 나도 가슴이 철렁하였지만 어쩐 일인지 도둑 맞았다는 것이 실감나지 않았다. 지금까지 도둑을 의심할 만한 일이 한 번도 일어나지 않았다. 도둑이 들었다면 틀림없이 장롱 문이나 문간 문이 열려 있을 것이다. 방안도 흐트러졌을 것이다. 그런 일이 기억에 전혀 떠오르지 않았다. 아내의 말도 패물 가방만 없어졌지 옷가지들은 가지런히 정돈되어 있어 손을 댄 흔적이 없다고 했다.

"당신 잘 생각해 봐. 이토록 얌전한 도둑이 어디 있겠어."

나는 마치 실체도 없이 흐릿한 기억 같은 것, 아니 막연히 구름처럼 떠돌기만 하는 느낌이랄까. 언젠가 "이걸 깊이 챙겨 두어야겠다."라던 말을 들은 듯도, 아니면 꿈속에서 들었던 것 같기도 한 것이 머릿속을 맴돌았다. 작은 아이가 장가갈 때 주어야 하는 패물이라면서 "미리 하나씩, 하나씩 챙겨 두는 거다."라고 하였지. 그것까지만 생각이 났다. 그다음은 또다시 안개 속으로 사라져 버렸다. 아내는 이 방, 저 방을 다니면서 패물을 숨겨 둘 만한 곳은 구석구석 들쑤시면서 보물찾기를 하였다. 어디에도 없었다. 아내는 이처럼 감쪽같이 가져 갔다면 우리 집을 잘 아는 도둑이라고 했다. 말은 그렇게 했지만 우리 집은 손님도 잘 오지 않는다. 손님은 아내의 서실에 찾아와서 볼일을 보기 때문이다. 우리 집을 잘 아는 도둑이 있을 리 없다.

"그만 뒤적거리고 산책이나 다녀오자. 도둑이 들었을 리 없어. 바람을 쐬고 오면 깊숙한 곳에 감추어 둔 패물함이 생각날 거야."

아내를 위로하려는 의도로 말했지만 아무리 생각해도 도둑이라는 느낌이 오지 않았다. 아내도 불안한 기색을 감추지 못하였으나 애써 "그래, 산책이나 다녀오자. 도둑을 맞았다면 안달한다고 되돌아오는 것도 아니잖아."라고 했다.

우리 부부가 집을 나설 때는 부엌을 한 바퀴 돈다. 요즘은 기억력이 오락가락하니까 부엌의 가스를 잠갔는지, 전원 스위치를 껐는지 전혀 생각이 안 나는 일이 자주 있었다. 부엌을 둘러보는 일을 습관화하여 기억력 감퇴에 대비하자는 생각이었다. 부엌에 들어간 아내는 옆에 붙어 있는 창고 안으로 들어가서 쌓아 둔 물건을 헤집고 있었다. 나는 빨리 산책이나 다녀오자면서 짜증 섞어 채근했다. 내 말에는 대꾸도 하지 않고 쌓아 둔 물건들을 열심히 들어내면서 여기저기를 들쑤시고 있었다.

"여기 있다!"

아내의 목소리가 소프라노처럼 맑고 높았다. 아무리 생각해도 도둑이 들지는 않았다 싶었는데 부엌에 들어오니 무슨 이유인지는 모르지만 창고에 들어가고 싶더라고 했다. 조금 전까지도 죽을상이던 아내의 얼굴이 언제 그랬느냐는 듯 맑아졌다. 그러고 보니 안개처럼 흐릿하던 기억의 상이 점차 뚜렷해지면서 지난 일이 떠올랐다. 아이들의 결혼을 대비하여 마련해 둔 패물이 조금 있었다. 아내가 한 말이 생각났다. "장롱은 너무 허술해서……, 잘 챙겨야 할 텐데."

"당신 정말 신통력이 있어. 우리 집을 잘 아는 도둑이라고 하였지. 당신보다 더 잘 아는 사람이 어디 있겠어."

도둑 사건은 하나의 해프닝으로 끝났지만 요즘에는 기억력 감퇴가 나의 생활을 바꾸고 있다. 그 중에도 제일 심각한 것은 화火기가 있는 부엌이었다. 주전자에 물을 얹어 두고 목욕탕에 다녀왔을 때, 지금 생각해도 아찔하다. 아파트 현관을 열었을 때 쇠가 달아서 뿜어내는 특유의 냄새가 훅 끼치면서 나를 까무러치게 하였다. 다행히 물이 모두 졸아버린 주전가가 검게 변해 버린 것이 전부였다.

나이가 든 줄 용하게 알고 찾아오는 기억력 감퇴를 거절할 방법이 없다. 노인 지침서에는 이왕 찾아오면 박대하지 말고 친구로 가까이하라고 했다. 우선 가스레인지를 전자레인지로 바꾸었다. 아무래도 전기가 덜 위험할 것 같아서였다. 예전에 선배님이 들려준 대처법이 생각났다. 외출할 때는 반드시 부엌을 한 바퀴 돌아보는 것을 습관화하라. 나도 그 방법을 선택했다. 입으로 가스, 전기 하면서 구령처럼 말하고는 바깥에 나오면 훨씬 마음이 안정되었다.

말이 쉬워 습관화이지 결코 쉽지 않았다. 산책을 간다든지, 여유가 있을 때는 부엌을 돌아보는 일을 잘 실천한다. 그러나 시간이 바쁘다든지. 다른 일에 골몰하고 있을 때는 곧잘 잊어버린다. 부엌 둘러보기를 빼먹고 나오면 불안이 더 심해졌다. 지하철역에 닿아서야 깜빡 잊어버린 것이 생각난다. 그럴 때는 훨씬 더 불안하다. 집으로 되돌아온 일도 한두 번 있었다. 막상 집에 와서 보면 부엌의 가스레인지도, 전기도 모두 얌전하게 잠을 자고 있었다. 바쁘다는 핑계로 집으로 돌아가지 않고 외출해 버리면 종일 불안하다. 그 불안을 견디지 못하여 먼 곳에서 택시를 타고 돌아온 일도 있었다.

기억력이 흐려진 것이 나의 생활에 꼭 나쁘지만은 않을 때도 있었다. 우리 집 현관문을 닫으면 저절로 자물쇠가 잠기면서 짤까닥 소리를 낸다. 그러나 세월이 지나니 자물쇠도 우리처럼 기억력이 없어지는지 문 잠그는 일을 더러 잊어버린다. 그래서 요즘은 안에 들어와서 반드시 잠김 여부를 확인한다. 아내가 나보다 늦게 오는 일이 많으므로 종종 밤새 문이 잠기지 않고 있을 때가 많다. 그래서 나는 문 잠김을 반드시 확인하라고 잔소리를 했다. 왜냐면 아침에는 내가 문을 열고 신문을 가져 오기 때문에 문 잠김 여부를 내가 먼저 안다.

오늘 아침에는 쓰레기를 버리려고 현관을 나서니 문이 안 잠겼다. "당신은 내가 아무리 말해도 왜 문 잠그는 것을 확인하지 않아."라며 잔소리를 했다. 쓰레기를 들고 마당에 내려오니 생각났다. "아참, 오늘 아침에 내가 신문을 들고 오면서 잠그지 않았지." 이럴 때는 아내의 기억력 감퇴가 고마울 따름이다. 그렇지 않다면 자기는 문을 잠궜다며 목소리를 높였을 테니 말이다.

그러고 보면 기억력 감퇴도 고마울 때가 있다.

거기

"거기"

거실에서 모임을 알리는 우편물을 찾으려고 탁자 위의 종이들을 들썩거렸으나 보이지 않았다. "우편물 어디 있어?" 라는 말에 대한 아내의 대답이다. 부엌에서 설거지를 하는 아내는 뒤돌아보지도 않았다.

외출을 서두르면서 자동차 키를 찾을 때도, 신문을 보다가 메모할 일이 있어서 볼펜을 찾을 때도, 심지어는 세면대 위에 놓여 있던 치약을 찾을 때도 나는 "어디 있어?"라고 소리친다. 아내가 말하는 '거기'에는 자동차 키도, 볼펜도, 치약도 들어 있는 마법의 상자이다. '거기'에는 우리 집의 자질구레한 물건들이 모두

들어 있다. 상자라기보다는 창고에 가깝다.

'거기'라는 말만 듣고 화장대 위에서, 또는 장롱 설합을 열고 물건을 찾아내는 내가 용하기도 하다. 아내가 '거기'라고 할 때는 장소를 가르키는 것이 아니다. 내가 찾아낼 수 있으리라는 믿음을 전한다. '거기'는 언어가 아니고 마음과 마음을 이어 주는 신비로운 끈이다. 가섭의 미소는 말로서는 풀어낼 수 없는 소통의 길이다. 미소에는 이 세상의 모든 언어를 하나도 빠짐없이 간직하고 있기 때문이다.

집사람이 서실에 가려고 여느 날처럼 현관문을 나서면서 "오늘은 우리 결혼한 날인데."라고 하였다. 별다른 감정도 없이 무심히 건네는 말이었다. "12월 16일이잖아." 나도 지나가는 말처럼 대꾸했다. 그러고 보니 결혼 41주년이 되는 날이다. 이제는 아이들이 떠난 이 집을 둘이서 지킨 지도 어언 10년이 가깝다. 어제도 오늘도, 아내는 현관문을 나서고, 나는 버릇처럼 컴퓨터 앞에 앉는다. 자료도 찾아보고, 글도 쓰면서 시간을 보내는 것이 요즘의 일과이다.

해가 기울 녘이 되자 아침에 결혼일임을 말하던 아내가 생각났다. 전화를 했다. "오늘 저녁 식사는 바깥에서 할까?"라고 한 내 말도 무덤덤했지만, “그러지 뭐.” 하는 아내의 대답도 나와 다르지 않았다.

수성못 가에 있는 식당에 갔다. 창문 밖의 수성못은 가로등 불빛을 반사하면서 일렁이는 물결이 무척 아름다웠다. ‘우리, 결혼 전에 이곳 호반 커피 집에 더러 들렀지’ 했다. 옛날을 생각하니 마음이 젊어졌다. 둘러보니 예전의 그곳처럼 풋풋함이 넘치는 사람들만 자리를 메우고 있다. 아내는 그들 때문인지 주름이 늘어난 얼굴에 신경을 썼다. 그러고 보니 40년보다 더 오래된, 한 지붕 아래서 살아온 이야기가 얼굴의 주름에 새겨져 있다.

무슨 말들이 그리도 많은지 티 없이 맑은 얼굴을 맞대고 연신 속살거리는 젊은이의 표정이 무척 달콤해 보인다. 우리는 겨우 몇 마디의 말만 건네고 조용히 식사를 했다. 얼핏 처다본 아내의 얼굴에는 세월이 만든 흔적들이 가득하다. 흔적에는 오랜 동안 새긴 ‘거기’라는 단어도 자리를 잡고 있다. 거기라는 말에는 수십 년 간을 같이 생활하면서 두 사람만이 만들어 왔고, 두 사람만이 읽을 수 있는 언어이다. ‘거기’는 말의 소리가 아닌 색깔로 상대의 속마음을 알아내는 마법이 담겨 있다.

젊었던 날에도 출근 시간에 쫓기면서 “어디 있어?”라는 말을 자주 했다. “거기”라는 대답을 들으면 “거기가 어딘데?”라며 짜증을 내곤 했다. 아내는 내게 잽싼 걸음으로 와서 “여기 있잖아” 라며 부은 얼굴을 하고 내뱉었다. 여기와 거기는 말의 뜻만이 아니고, 사람과 사람을 이어주는 끈의 길이가 다르다. 여기는 모호함이 없다. 말하는 이가 바로 곁에서 일어난 일을 말하다 보니 듣는 사람도 헷갈리지 않는다. ‘여기’는 의사의 소통이 유리알처럼 투명하게 일어난다. 그런데도 아내가 “여기 있잖아.” 하는 말소리에는 온기가 없었다.

아내도 창밖을 물끄러미 바라보더니 “예전에 왜, 아이들과 거기 갔잖아.” 하였다. 젊은 날에 아이를 데리고 들렀던 어린이 놀이터를 말하고 싶었나 보다. 나는 거기가 어디인지를 알았다. “어린이 놀이터…….” “그래.” 다시 말을 끊고 우리는 세월을 가로질러 먼 옛날로 여행한다. ‘여기’에서 ‘거기’까지 살아온 길이 기억 속에서 가물거린다. 둘이서 영감탱이가 되도록 만들어 온 길이다.

가족사진

온 가족이 모여서 찍은 사진을 사진틀에 넣으면서 유심히 들여다본다. 여러 해 전에 춘천 부근의 강촌이라는 곳에서 모처럼 가족들이 함께 모여 하룻밤을 지낸 적 있다. 그곳의 파란 잔디밭에서 찍은 사진이다. 등 뒤에서 사진을 바라보던 아내는 조금은 감정 어린 목소리로 "둘만이던 우리 가족이 열두 명으로 불어났구나!"라고 했다.

아내와 신접살림을 차린 지가 어제 같은데……, 병아리 같던 세 아이들이 올망졸망 자라던 일이 눈에 선한데, 이들이 장성하여 모두 짝을 만났고, 네 명의 손자 손녀까지 가족사진 속에 들어 있다. 짝을 지은 아이들은 우리 부부의 곁을 떠나서 따로 살림을 차렸다. 나는 가족들이 뿔뿔이 흩어져서 사는 일에 두려움을 느낀다. 흩어지면 사람 사이의 정情도 흩어지지 않을까 싶어서이다. 하룻밤일망정 가족들이 한자리에 모여 지내는 일이 얼마나 즐거운가.

나의 유년은 밝고 화목한 분위기에서 보내지 못했다. 어머니와 떨어진 곳에서 소외감을 느끼면서 보냈다. 버림받았다는 생각으로 아픔을 느끼며 살았기 때문에, 나는 틈만 나면 내 아이들에게 형제자매는 한 가족임으로 화목해야 한다고 거듭거듭 말했다. "세상을 살아가면 힘들고 외로울 때가 많다. 그럴 때는 형제자매가 기댈 수 있는 언덕이 되어 주어야 한다. 우리가 죽더라도 너희들은 서로가 정을 나누며 살아야 한다." 내 말을 듣던 큰아들이 "아버지, 그 말씀은 너무 많이 들어서 귀에 딱지가 앉았어요." 했다.

내가 은근히 걱정하는 것이 하나 있다. 의원을 운영하면서 탈없이 살아온 덕택으로 모아 둔 재산이 조금 있다. 주변에서 들려오는 말이, "재산이 많으면 자녀들끼리도 다투고, 심지어는 원수가 되는 일이 비일비재하다"였다. 그 말이 언제나 마음속에 검은 그림자로 남아 있다. 아내도 나와 같은 걱정을 한다. 세 아이가 성장할 때까지는 서로 목소리를 높이고 다투는 일을 거의 보지 못했다. 지금도 시누와 올케이지만 사이좋게 지낸다고 저들 입으로 말한다. 앞으로도, 아니 우리가 죽고 나서도 그렇게 지내기를 바라는 마음이다. 맏며느리를 맞아들이고 일 년도 안 되어서 딸아이도 짝을 지었다. 둘은 내 곁을 떠나 서울에서 이웃하여 산다. 시누이와 올케는 원래 사이가 좋지 않고, 낯선 사람을 만나서 가정을 이루면 부모 밑에서 오순도순 자랄 때와는 달라지더라는 말들이 마음에 걸렸다.

나는 맏이가 우리 집 기둥이 되어서 질서와 화목을 지켜 주기 바란다. 그러기 위해서는 맏아들, 맏며느리의 역할이 크다. 맏아들, 맏며느리의 책임감만큼이나 부모인 아내와 내가 맏며느리에게 힘을 실어 주어야 한다고 생각한다. 요즘 사람은 어떤 생각을 하는지는 모르지만 나는 전통의 사고에서 벗어나지 못했다. 막내가 아직 총각일 때 우리 가족이 여행을 갔다. 그 자리에서 나는 이렇게 말했다. "나는 딸과 아들을 구별하려는 것은 아니지만, 딸보다는 아들이 우선이고, 동생보다는 형이 먼저다. 내 말을 절대로 잊지 말라. 집안일에는 형을 따르고, 형수를 따라야 한다." 아이들은 그렇게 하겠다고 순순히 말했다. 나는 맏이를 더 배려하고, 책임도 더 맡긴다는 말을 했다.

가족사진을 찍기 두 달 전에 막내도 짝을 지었다. 이제 우리 집은 네 가족으로 늘어났다. 너무 기쁘지만 마음 한 구석에는 불안감도 있다. 새로운 가족이 들어올 때마다 우리 집의 평온을 깨뜨리지 않을까 하는 막연한 불안감이었다. 인간관계란 살얼음판 같다. 조심하지 않으면 어느 순간에 녹아버리고, 바스러질지 모른다.

그해 여름에는 아이들이 주선하여 춘천의 강촌이라는 곳에 가족 나들이를 갔다. 며느리가 둘 다 있었다. 의원을 개원하고 있을 때 간호사는 명절 때마다 부어 있었다. 자기는 맏며느리라서 아침 일찍부터 시집에 가서 전을 붙이며 일을 하지만 아래 동서는 바쁘다는 핑계로 어두워진 저녁이 되어서야 온다. 시어머니는 그런 며느리를 “바쁘면 오지 않아도 되는데.”라면서 반겨 주었다. 그 말을 들으면 공연히 약이 오르더라고 했다. 그래서 우리 부부는 설사 아래 며느리가 일이 바빠서 늦어지더라도 절대로 말을 그렇게 하지 말자고 다짐했다. 맏며느리가 부엌에서 일을 할 때는 아래 며느리도 부엌에서 거들어 주기를 바란다.

영감탱이가 된 나는 가족 수가 늘어나자 ‘화목이 깨어지지 않을까?’라는 근거 없는 불안감으로 살얼음판을 걷는 기분이었다.

아이들이 모두 가정을 이루어 서로 다른 곳에서 다른 삶을 살더라도 한 가족이라는 생각으로 서로 도와주고 아량을 베풀어 주기를 빌고 또 빈다. 모처럼의 휴가 여행은 즐거웠다. 다 함께 웃고 떠들고, 윷놀이도 하면서 밤이 이슥하여서야 잠자리에 들었다. 아침에 잔디밭에 나가서 가족사진을 촬영했다.

사진을 바라보니 맏이와 맏며느리가 가운데 서 있다. 맏이 부부가 우리 집 기둥처럼 보여서 든든했다. 온 가족의 얼굴에는 웃음이 가득하다. 맏며느리도 웃고, 나와 집사람도 웃고, 막내며느리와 딸도 웃고 있다. 오랜 세월이 지나서 손자, 손녀가 가정을 이루어서 찍을 가족사진에도 이처럼 웃음이 넘쳐나면 좋겠다. 나는 이런 노후를 꿈꾸며서 살아왔다. 내가 살아 있는 동안만이라도, "요즘은 세월이 바뀌었어요. 사는 일이 너무 바빠요. 대가족이 한 가족처럼 살라는 것은 현대를 살아가는 데 맞지 않아요."라는 말이 부디 나오지 않기를 바란다.

다시 사진을 들여다본다. 손자 손녀가 여기서는 네 명이지만 세 명이 더 늘어나서 이제는 일곱 명이다. 서울로, 부산으로 흩어져서 열심히 살아가고 있다. 이제는 내 가족이라기보다는 저들의 가족으로 나뉘어져 있다. 그래도 지금까지 일 년에 두어 번은 한자리에 모여서 저 사진 속의 모습처럼 웃고 떠들면서 하루를 보낸다. 저윽히 마음이 놓인다. 우리 부부가 죽고 나서도 지금처럼 화목하게 살아 주기를 바란다. 손자, 손녀가 어른이 되어 가정을 꾸려서도 서로 발길을 끊지 않기를 바란다.

내 생각이 너무 고리타분하다 하더라도 내 앞에서 "그건 시대에 맞지 않는 생각입니다."라는 말은 하지 않기를 바란다. 영감탱이의 공연한 걱정인가.

맥주 깡통 하나

다낭 공항에서 아내와 막내아들이 맥주 깡통 하나를 두고 실랑이를 했다. 비행기 안에 물을 갖고 들어갈 수 없다는 것이 원인이었다. 아들은 쓰레기통에 버리려 했다. 아내는 가방 안에 넣으면 괜찮다고 했다.

짐을 탁송할 준비를 끝낸 가방을 다시 풀어 안에 넣는 일은 여간 번거롭지 않다. 아들은 "몇 푼이나 한다고"라며 툴툴거렸다. 집사람은 그런 아들이 못마땅해서 "이 녀석아, 아직 뚜껑도 안 딴 새것이잖아."라며 목소리를 높였다. 며늘아이는 두 사람의 모습이 보기가 민망했는지 아이의 손을 잡고 저쪽으로 가버렸다. 나도 뒤돌아서 못 본 척했으므로 그래서 맥주 깡통이 가방 속으로 들어갔는지, 쓰레기통 속으로 들어갔는지 모른다.

자리를 피해 버린 며늘아이는 무슨 생각을 하였을까? '어머님도 겨우 맥주 깡통 하나를 갖고 왜 저러실까.'라고 했으리라. 며느리는 아들과 같은 시대를 살아왔기 때문이다. 사실은 나도 그런 생각을 하였으나 입 밖으로 꺼내지 않았다. 나는 아내와 같은 세월을 살아왔으므로 아내가 잘못이라고는 눈꼽만치도 생각하지 않는다. 다만 '며느리가 보고 있는데 어른이 양보하지'라고 생각했다. 따져 본다면 돈이 훨씬 더 많은 엄마는 챙겨 가자 하고, 아직 신접살림하는 아들 녀석은 버리자고 하니 앞뒤가 맞지 않는다.

몇 년 전 큰아들이 외삼촌 병원에서 일을 했다. 큰아들은 학교 다닐 적에도 졸업한 뒤에도 생활이 무척 검소했다. 사귀는 친구들도 씀씀이가 전혀 헤프지 않은 평범한 가정의 아이들이다. 그래서 나는 내 아이는 사치라고는 모르고, 생활력도 강하다고 믿었다. 나를 만난 처남이 이렇게 말했다.

"자형요. ○○는 헝그리 정신이 없어요."

전혀 뜻밖의 말이다. 나는 그 말이 쉽게 수긍되지 않았다.

"아니, 그 녀석이 얼마나 검소한데."

처남의 설명을 들어 보니 고개가 절로 끄덕여졌다. 우리는 학교 다닐 때 등록금 때문에 마음고생이 심했다. 돈이 없어 하고 싶은 일이 있어도 참아야 했다. 요즘 아이들은 등록금 때문에 마음고생을 하지 않는 편이다.

"요즘 아이들이 싸구려 옷을 입고 다니는 것은 검소라기보다 자기 취향입니다. 그래도 자기가 하고 싶은 일은 모두 합니다. 하고 싶은 데도 못 하는 일은 없어요."

그 말이 조금은 충격이었다. 내 아들이라서 올바르게 보지 못하였나 보다. 처남이 한마디 더했다.

"우리는 가난한 집에서 태어났고 ○○는 부잣집에서 태어났잖아요. 우리와 생각이 달라요."

출생의 배경이 다르고 살아온 시대가 다르니, 우리 세대와 아들 세대는 삶의 문화가 다르다는 것을 깨우쳐 주었다.

그러고 보니 몇 푼 하지 않는다는 맥주 깡통 하나가 엄마의 삶과 아이의 삶이 만든 상징물이 되어서 충돌을 일으키게 했다. 깡통 하나 때문에 일어난 작은 실랑이가 아니고 세대와 세대 간에 거대한 문화 전쟁을 치렀다. 우리가 살아온 칠십 평생을 뒤돌아보면 다람쥐가 저장의 목적으로 도토리를 모으듯, 우리는 버릴 줄 모르고 살아왔다. 하고 싶은 일도 참으면서 살아왔다. 우리의 지난날은 어른이 되어서도 쉽게 버릴 수 없는 문화를 만들었다.

맥주 깡통 하나는 돈 몇 푼이 아니고 우리가 수십 년 동안 만들어 온 문화의 응고물이다. 깡통 맥주를 음료수처럼 마시다 마음대로 버리는 젊은이들에게는 또 그렇게 그들의 문화가 되어 있다. 아들이 엄마를 이해할 수 없는 것은 당연하다. 그렇다면 며늘아이가 자리를 피했어도 아들 편에 섰으리라 믿어진다. 나는 아내가 양보하기를 바랐어도 아내를 백 번 이해한다. 그러고 보니 우리 네 사람은 가장 가까운 가족이면서도 서로 다른 생각을 하면서 오늘이라는 같은 시대 속을 살아간다.

공항 대합실을 한 바퀴 돌고 아내와 아들이 있는 곳으로 되돌아왔다. 며느리도 그곳에 와서 셋이 이야기를 나누고 있었다. 아내와 며느리는 까르르 웃고 아들도 히죽거리고 있었다. 몇 푼과 새것이라는 두 문화가 충돌하면서 폭발음이 터질 줄 알았는데 어느 사이 훈풍이 불고 있었다.

그렇지, 우리는 한 가족이지.

요즘은 그렇지 않아요

우리 부부는 삼십여 년 전에 이사를 온 아파트에서 지금까지 살고 있다. 생업에서 은퇴한 지도 십여 년이고, 자녀들이 짝을 지어 내 곁을 떠난 지도 거의 십여 년이다. 예전에는 하루도 거르지 않고 생활을 위해서 사회 속으로 걸어 들어갔지만, 지금은 사회의 바깥에서 시간을 보낸다. 아파트를 나서면 숲속 길이 있다. 이 길을 산책할 때면 사회와 단절된 삶을 더 절실히 맛본다. 나는 노후 생활이라고 말한다. 그래서 황금 연못을 떠올린다.

영화 '황금 연못'의 주인공은 노후를 조용한 호숫가에서 사회와는 단절하고 부부만이 살아간다. 나도 그렇다. 아침마다 산책하는 오솔길과 대화를 나누면서, 사회와의 소통을 단절했다. 때문에 나와 사회 사이의 벽은 점점 더 두터워져 갔다. 바깥 사회로 문이 열릴 때는 간간이 문화 모임에 나설 때나 택배 직원이 초인종을 누를 때다. 그만큼 나는 현실 사회로부터 밀려나고 있었다. 노후 생활을 다룬 '황금 연못'에서 잠시나마 단절의 벽을 허물어 주는 사건은 딸의 방문이었다.

우리도 그렇다. 우리 곁을 떠나서 가정을 꾸린 자녀들의 방문은 잠시나마 사회로의 닫힌 문을 열어 준다. 초인종 소리를 듣고 현관문을 열면서 나는 사회로 향한 문도 함께 연다. 방 안으로 우르르 들이닥친 손주들이 우당탕거리면 이내 인사도 나누지 않고 지내는 아래층에서 연락이 온다. 삼십여 년 사는 동안 아래층에는 여러 가정이 이사를 오고 갔으므로 그 사람들 얼굴이 잘 기억나지 않는다. 이사를 가버리면 다시 만나는 일도 없다. 어쨌거나 벨을 타고 들려오는 아래층 사람의 목소리가 유쾌하지는 않다. "미안합니다."라고 했지만 심기가 불편해진다. '아이가 있으면 쿵쿵 소리가 조금 울릴 수도 있지. 예전에는 이런 전화를 받은 적도 없는데'라며 투덜거렸다. 세상인심이 너무 야박해졌다고 생각한다.

며느리는 항의에 익숙한 듯하다. 아이에게 눈을 부라리면서 아랫집 아저씨가 올라와. "조용히 해라" 했고, 아이들은 엄마 눈치를 살피면서 뛰기를 멈췄다. 이것도 내가 흔히 듣는 말처럼 '요즘은 그렇지 않다.'가 되어서 나를 소외시키나 보다.

아들이 대학을 다닐 때부터 나와 사이를 가로막는 무언가가 느껴졌다. 실체는 없으면서도 안개 같기도 하고, 거실의 창문에 처진 엷은 커텐 같기도 하다. 책상 서랍에서 '가열차게 투쟁하여 까부수자'라는 글귀가 가득한 선전지를 보고 가슴이 철렁하도록 놀랐다. 대통령 선거 때는 서울에 있는 아이에게 전화를 해서 'A' 후보를 찍으라 했더니 오히려 'B' 후보를 찍으라고 강변하는 바람에 "그러면 선거하지 말고 놀러나 가라."며 신경질적으로 전화를 끊은 적도 있다. A와 B라는 후보의 선택이 아니고 나와 아들 사이에 흐르는 강물이 도저히 건널 수 없도록 깊어졌다는 것만 확인한 셈이었다. 이때도 가장 많이 들었던 말이 "아버지, 요즘은 그렇지 않습니다."였다. 아들이 성인이 되었다는 사실을 확인하고는 더 이상 정치적인 이야기는 나누지 않기로 했다. 그와 내가 다르다는 것을 가장 분명하게 확인시켜 주는 것이 정치 이야기이고, 사회 이야기를 할 때였다. 그리고 또 이십여 년이 흘렀다.

손주들이 잠을 자러 방에 들어가자 고요함이 밀려왔다. 아들이 냉장고 문을 열고 캔 맥주를 네 개 가져 왔다. 아내와 나, 그리고 며느리와 아들이 테이블에 둘러앉아 맥주를 마시는 순간이 노후를 보내는 나에게는 제일 즐겁다. 이 자리에서는 사는 이야기를 한다. "정부의 규제가 심해지고, 요즘 젊은이들은 예전과 달리 너무 이기적이다."라는 말로 사회에 대해 불평을 늘어놓는다. 그 말을 들으니, 나는 언젠가 들었던 소리처럼 그때 맡아 보았던 냄새가 느껴진다. 내가 젊은 날에도 같은 말로 불평했기 때문이다. 지난날의 아들은 아버지 세대에게 책임을 물었다.

"너, 학교에 다닐 때 온몸이 풀어지도록 술을 마시고 와서 "아버지, 의사가 돈을 벌어도 됩니까? 가난한 사람을 돌보는……." 어쩌구저쩌구하던 생각이 나니?"

"모르겠는데요."

아들은 계면쩍은 듯 씨익 웃었다. 과거를 뒤돌아보면서, 그때의 편린들을 가지고 지금의 시간과 짜맞추기를 해 본다. 퍼즐처럼 맞아질 듯도 하지만 사실은 이가 어긋나서 맞지 않는다. 나는 아들이 한 말을 가지고 내가 과거의 시간 속에서 살았던 방식으로 진실을 만들어내려 한다.

"그래도 잘 다독거려서 오래 근무하도록 해야지."

"백 번이고 옳은 말씀이지만, 요즘 아이들은 그렇지 않아요. 예전처럼 다독거린다고……."

아들은 "요즘은 그렇지 않아요" 했다. 그러나 나는 세상을 꿈꾸듯이 이상적으로 바라보던 대학생 때의 아들이 나처럼 생활인으로 바뀌어 가는 것이 눈에 보였다. 그때나 지금이나 세상은 다르지 않다는 생각을 했다. 내 손자도 제 애비에게 '요즘은 그렇지 않아요.'라고 말하면서도 또 제 애비를 닮아 갈 것이다.

어머니에게 다녀와야겠다

어머니에게 다녀와야겠다.

나에게 새로운 일이 일어날 때마다 마음이 불안하고 조마조마해진다. 그럴 때는 어머니에게 다녀오면 마음이 조금은 편안해진다. 금년에는 여러 가지로 어머니에게 부탁해야 할 일이 많다.

3월에는 큰아이가 선배의 의원을 인수하여 자기의 이름으로 개원하였다. 이 세상에 태어나서 처음으로 자기가 주인이 되어 삶의 터전을 꾸리는 일인 만큼 얼마나 흐뭇한 일인가. 그러나 아버지인 나는 자꾸 불안하고 걱정이 앞선다. 아침 산책을 하던 중에도 동산 위로 해가 떠오르면 손을 모아서 빌었다. '우리 아이의 의원이 잘되도록 부디 보살펴 주십시오.' 그러나 어머니에게 다녀오는 것만큼 마음은 안정되지 않았다.

아이가 대학교 시험을 앞두고도, 졸업하고 서울에서 수련의로 근무하러 갈 때도, 군대에 갈 때도, 그리고 결혼을 할 때도, 손자를 보았을 때도 어머니의 산소에 다녀왔다. '어머니의 손자가 잘되도록 보살펴 주십시오'라고 빌었다. 딸아이 때도 그랬다. 시집을 간 딸아이가 5월이 오면 둘째아이를 분만한다고 했다. 어머니를 찾아가서 무탈하기를 부탁해야겠다. 그뿐만이 아니다. 이번 늦봄쯤 막내가 장가를 간다. 아직 어린아이로만 알고 있던 막내가 결혼하겠다는 말을 하였을 때는 가슴이 찡하도록 아려왔다.

막내가 태어나서 하루 만에 병원에 입원했다. 대장에 선천성 이상이 있었으므로 수술을 해야 했다. 산모가 출산 하루 만에 병원에서 수술할 아이를 돌보느라 산후조리는 꿈도 꿀 수 없었다. 나는 의원 일 때문에 옆에서 돌봐 줄 수도 없었다. 저녁에 병원에 찾아가면 아이도, 산모도 바라보기가 너무 안타까워서 복도에 나와 눈물을 훔친 기억이 난다.

막내는 수술 뒤끝이 깨끗하지 못하여 오랜 동안 병원에 다녔다. 초등학교 때 연세대학교에 입원하였을 때는 외과의 황의호 선생님이 아이를 참 잘 대해 주었다. 그때 아이가 의사가 되겠다고 하더라 했다. 자신의 진로를 일찍부터 정해 두었는지 모르겠다. 아이를 볼 때마다 연민 때문에 꾸중 한 번 크게 하지 않았다. 큰아이는 내게 매질도 당하면서 자랐지만 막내에게는 매질한 기억은 떠오르지 않는다.

행여나 아이가 상처를 받을까 봐 눈치를 보느라 크게 꾸중을 못하였던 것이다. 병원을 다닐 때는 언제나 얼굴이 어두웠다. 할머니인 어머니가 수술 치료를 받고 있는 아이를 업고 우리 집 계단을 오르내리던 모습이 선하다. 어머니를 찾아가서 어머니가 업고 다니던 그 막내가 결혼한다면 틀림없이 기뻐하실 거다. 나는 앞으로도 잘 살아가도록 돌보아 주십사 하고 어머니에게 부탁하러 가야겠다.

초등학교에 들어갔을 때는 서너 달이 되도록 한글을 깨우치지 못하였다. 아내는 눈물이 범벅되어서 초등학교 교장으로 계시던 장인어른에게 '아버지, 예가 바보예요."라던 모습이 눈앞에서 어른거린다. 그때 장인어른께서 "무슨 그런 소리를 하느냐. 아직은 모른다."라고 하셨다. 학년이 올라갈수록 그런 기우는 지워졌지만, 공부 성적이 형이나 누나만큼 우수하지는 못했다지만 입학하였을 때 놀랐던 가슴을 생각하면 다행으로 생각한다.

초등학교 졸업식 때 학교에 가면서 "엄마 졸업식 때 꼭 와야 해."라고 몇 번이나 다짐을 하더라고 했다. 아내는 그러겠다, 라고 건둥건둥 대답했다. 졸업식장에 가니 벌써 식이 많이 진행되고 있었다. 방금 시상식도 끝나가고 있었다. 식이 끝나자 아이는 상장과 상품을 한 아름 안고 달려와서 "엄마, 나 보았지, 상 타는 것 보았지."라고 했다. 아내는 늦게 가서 보지 못했다. 그래도 가슴에 안고 있는 상장과 상품이 너무 놀라워서 "그래, 그래 보았어." 하며 상장을 본 아내는 눈물이 돌더라고 했다. 그 말을 들었을 때, 나도 눈물이 쏟아지는 것을 참으려고 무척 힘들었다. 우등상이었다. 그것도 전교에서 몇 등을 한 우등상이었다. 6학년을 다닐 때도 반에서 그냥 조금 잘하는 정도로만 알았지 우등상까지 타리라고는 꿈에도 생각지 못했다. 나는 곧잘 이 이야기를 친구들에게도 하고, 모임 장소에서도 한다. 그때의 감동이 지금까지도 없어지지 않기 때문이다. 그러면서 자랑이 아니고, 아이가 공부 좀 못한다고 실망하지 말라는 뜻이라고 하면, "자랑이 맞는데, 뭘."이란 말도 들었다. 그랬다. 내가 자랑하고 싶어서 그랬을 것이다.

중학교에서도, 고등학교에서도 성적이 꾸준히 향상되면서 내가 다닌 의과대학에 진학하여 나의 학교 후배가 되었다. 그때는 정말 뛸 듯이 기뻤다. 대학을 다닐 때는 옆에서 조용히 지켜보기만 했다. 아이도 얼굴이 훨씬 더 밝아졌다. 학교 동아리에서 후배 여학생을 사귄다는 말을 들었어도 그러려니 하고 있었다. 말하자면 어릴 때부터 지켜보기만 하였던 것이 습관이 되었다고 할까.

젊었을 때부터 혈압약을 먹고 사는 나로서는 이 아이가 성인이 되어서 자립할 때까지 내가 뒤를 돌봐 주어야 한다는 불안감을 떨쳐 버리지 못하였다. 젊었을 때는 '막내가 장가갈 때까지 살게 해 주십시오.'라는 바람을 가지고 살았다. 혹여 아이들이 성인으로 성장하지 못할 때 내가 죽는다면 하는, 불안에 사로잡혀 있었다. 이제 그 불안감을 떨쳐버려도 되겠다.

오늘은 짝이 될 여자 친구와 제 엄마와 결혼 준비를 하러 옷가게에 간다고 했다. 나는 어머니를 찾아가서 어머니의 막내 손자를 잘 보살펴 달라고 부탁해야겠다.

그러고 나서 차일피일 시간이 흘러갔다. 한껏 무르익은 봄날에 서울 사는 맏이한테서 전화가 왔다. 어버이날을 맞아 조금 일찍 내려가려고 하니 시간을 비워 두었으면 좋겠다고 하였다. 나야 백수니까 너 좋은 대로 하라고 하였더니 "아버지, 이번에 내려가면 할머니 산소에 가 보고 싶다."고 했다. 나는 그 말이 너무 반가웠다. 의원을 개설하고 누군가에게 의존하고 싶은 마음은 나와 같았으리라. 그보다 할머니를 잊지 않고 산다는 것이 너무 고마웠다.

며늘아이와 손자 손녀와 어머니 산소를 찾아가니 묘역은 민들레를 비롯하여 봄꽃들이 만발해 있었다. 나는 큰아이와 나란히 절을 하면서 손자를 돌봐주기를 빌었다. "어머니, 어머니의 손자가 가족을 데리고 할머니께 인사하러 왔어요. 즐거우시지요?"라고 했다. 고개를 들고 주위를 둘러보니 이제 아장아장 걷는 손녀가 민들레꽃을 꺾고 있었다.

내 글을 읽고 맏며느리가 메일을 보냈다.

> 아버님!! 생신 축하드려요.^^ 아마도 7일쯤에 뵐 것 같아서 미리 보냅니다.^^

남편은 공부하러 가서 늦고, 아이들은 잠들어서 한가로이 아버님의 카페에서 여유를 즐기고 있습니다.

늘 아버님의 글을 읽고 나면 괜스레 마음이 찡합니다.

아버지의 마음을 저희가 느끼는 듯한 묘한 감정이 흘러서인 듯합니다.

준하 아빠는 출근하면 늘 아버지의 카페 글을 읽고 저에게 읽어 보라고 알려 줍니다.

그래서 이 글도 읽고 또 읽었습니다.

준하 아빠는 말로써 자식 사랑을 표현하지 못하시는 아버지께서 자식들에 관한 사랑을 표현해 주시는 글을 보면 눈물이 난다고 합니다.

아무쪼록 아버님 어머님, 오래오래 건강하셔야 해요.

2011. 4. 6 큰며느리 은혜 올림.

산책로에서

"산책을 나갈 시간이다. 빨리 서둘러라."

집사람은 마지못하여 몸을 일으키고는 길게 기지개를 한다. 한 번 더 다그쳐서야 느릿느릿 일어난다. 생업에서 물러난 뒤로 이른 아침에 박물관 산책로를 걸은 지도 십 년이 가까워 온다.

구미로 출근할 때는 아내가 나를 다그쳤다. '당신—' 말꼬리를 길게 늘여 부르다가 점차 발음이 빨라지고 소리도 높아진다. "기차 시간 늦겠어."라고 할 때는 거의 신경질적이다. 화난 목소리를 듣고서야 부스스 일어난다. 그때마다 속으로 투덜거린다. '곱게 말하면 못 들을 줄 아나 봐. 내 원 참'

내가 물에 물 탄 듯 흐리멍텅한 성격이라면 아내는 주판알 갈다. 정말 어울리지 않는다. 결코 하나가 될 수 없는 대척점에서 마주 보고 있다. 주변 사람들은 이런 우리를 두고 "서로를 보완해 주는 천생연분이다."라고 한다. 내가 싫어하는 일을 아내가 도맡아 해 준다. 나는 동사무소에 가서 서류 떼는 일부터 은행이며 관공서 찾아다니는 일을 정말 싫어하므로 아내의 몫이 되었다.

보험에 가입할 때였다. 도장은 본인이 직접 서류에 찍어야 한다면서 "당신이 시간 나는 대로……." 아직 말이 끝나지도 않았는데 내 얼굴은 찡그러지나 보다. "꼭 가야 해, 내가 안 가도 되게 사정 좀 해 봐. 당신이 이런 일을 잘 하잖아." 내 목소리에 짜증기가 섞였다. "정말 못 살겠어. 내가 잘하긴 뭘 잘해, 무슨 팔자가 더러워서 남자가 하는 일까지 도맡아 해야 해. 관공서에 여자가 가면 얼마나 얕잡아 보는데." 아내의 신세타령이 터져 나오면 기분이 몹시 상하였다는 신호이다. 나는 입을 다문다. 아내는 자기가 잘해서가 아니고 남편이 손끝 하나 까딱하지 않으니 어쩌지 못해서 나선다는 믿음에 아주 깊이 사로잡혀 있다. "당신이 잘하잖아."라는 말은 경험으로 얻은 나의 금지어이다.

둘도 없는 친구가 나더러 한 말이 있다. "야, 넌 지금의 직업이 딱이다. 성격이 사근사근해서 장사를 하겠나. 그렇다고 손을 잘

비빌 줄 알아서 상사를 모시는 월급쟁이를 하겠어. 그래도 부인을 잘 만난 탓에…….” 친한 친구마저 이러니까 아내가 말하는 흐리멍텅하다는 내 성격은 어느 사이에 무능력자가 되어버린다. 그렇더라도 마음속까지 수긍하는 것은 아니니까 더러 아내와 다투기도 하였다. 둘이서 꾸리는 삶이 이십 년, 삼십 년으로. 그리고 사십 년으로 두터워져 가니까 다투는 일은 점차 줄어들었다.

내가 터득한 삶의 방법이라면 “상대가 싫어하는 말은 아예 꺼내지 말자.”이다. 결혼의 조건은 사랑이 아니다. 약속을 지키는 것이고, 상대의 심기를 불편하게 하지 않는 일이다. 우리 부부가 다툼이 줄어든 것은 경험으로 얻은 약속을 지키기 때문이다. 깨달음이라도 얻은 듯이 젊은 부부들에게 아주 자랑스럽게 살아가는 법을 훈시한다. 내가 곧잘 하는 말이 ‘부부를 맺어 주는 끈은 사랑이 아니고 의무를 충실히 지키는 일이야. 내 말이 그럴 듯하다 싶어 스스로 도취한다.

아이들이 짝을 지어 모두 떠났다. 나도 생업에서 떠났다. 너른 집에서 부부만이 보낸 세월도 십 년이 가까워 온다. 아침이면 둘이서 박물관 산책로를 걸었다. 키 큰 나무들이 산책로를 뒤덮고 오솔길은 구불거리면서 안개 낀 나무들 사이로 꼬리를 감춘다.

산들바람이 잔가지를 흔들고 이따금씩 새소리도 들려온다. 둘이서 지난 이야기도 나누고, 아내가 즐겨 하는 그림 이야기도 나눈다. 우리 사이도 오솔길처럼 평화롭다.

요즘에는 지난날에 언제 우리가 다투었나 싶다. 나는 아내의 기분을 상하게 하였던 말이 무슨 말인지 잘 안다. 그래서 오랜 동안 나의 터부로 삼아 잘 지키고 있다. 그렇더라도 집수리를 하고 나서 업자에게 하자 보수를 해 달라는 말을 내가 하기를 싫어하는 것은 지금도 마찬가지이다. 아내가 집수리를 한 업자를 만나서 따진다. 이제는 아내도 남자의 일을 자기가 도맡아 한다는 억울한 생각을 하지 않나 보다. 그러고 보니 세월이 약인가 보다. 나이가 들면 너그러워진다더니 항상 못마땅하게 생각하였던 아내의 빈틈없는 성격도 세월에 씻기어 무디어졌나 보다. 이제는 서로를 아프게 하였던 가시가 돋힌 말은 잊어버렸나 보다.

"그 총각이 약속을 안 지키잖아. 내가 전화를 해서 막 따졌어."

그저께 전자 제품을 사면서 젊은 판매원이 서비스를 해 주기로 약속하였다. 물건을 들여놓고 나니 약속을 지키지 않아서 항의를 하였단다.

"전화는 왜 해. 젊은이도 사정이 있겠지. 당신은 너무 정확한

게 탈이야. 조금 어수룩하게 살아도 되는데."

"당신, 또 그 소리야. 싫은 일은 모두 내게 맡겨 놓고, 당신은 언제나 좋은 사람이 되어서 쏙 빠지고, 나만 나쁜 사람으로 만들었잖아. 지금까지 그렇게 살아왔잖아."

집사람은 걸음을 멈추고 말이 빨라지면서 고함을 지르듯이 말했다. 옛날에 집사람과 다툴 때 화가 많이 나면 말투가 늘상 이랬다. '아뿔싸' 후회를 했지만 늦었다. 사람은 나름대로 사는 방법이 있고, 그 방법이 옳다고 믿는다. 세월이 흘렀다고, 영감탱이가 되어도 믿음은 바뀌지 않는다. 부부 사이가 부드러워졌다 싶어 금지된 말을 깜박 잊어버렸다. 숲 속으로 사라지는 오솔길이 나무에 가려서 보이지 않지만 없어진 것은 아니다.

어제와 동同

생업에서 은퇴한 뒤부터 몇 년째 일기를 쓴다. 아침 산책을 하고, 사우나탕을 다녀오고, 컴 앞에서 시간을 보낸다. 졸리면 낮잠을 잔다. 어제나 오늘이나 되풀이하는 일이니 일기를 '어제와 동同'이라는 한마디로 마무리해도 되겠다.

산책로도 변함이 없다. 십 년 전이나, 지금이나 같은 길이다. 집을 나서서 박물관의 산책로를 한 바퀴 돈다. 이 길은 어제도 갔고, 오늘도 간다. 길바닥 돌덩이 하나까지도 눈에 익다. 그러다 보니 산책길에서 별다른 감흥을 일으키는 것은 없다. 같은 일을 반복하니 없는 것이 아니라 느끼지 못하는 것이 버릇이 된 듯하다.

매화가 피었을 즈음이면 같이 산책하는 집사람더러 작년보다

꽃이 엉성하다느니, 올해는 꽃송이가 더 복스럽다느니 하며 말을 건넨다. 아내는 성의 없이 "그랬나" 한다. 나처럼 어제도, 그제도 무심히 걸었다는 거다. 금년에는 진달래가 만개하였을 때, 봄비가 제법 세차게 내렸다. 물기에 젖은 꽃잎이 바닥에 수북이 떨어져 있다. "꽃이 더 오래 피어 있어야 씨받이를 잘할 텐데, 꽃들이 비를 원망하는 소리를 잔뜩 늘어놓겠네."라는 내 말에 아내는 "나는 아무 소리도 들리지 않는데."라고 한다. 너무 재미없는 대꾸에 "사람이 이렇게 감수성이 둔해서야."라고 해 주었다.

꽃이 피든, 잎이 무성해지든, 비가 오든, 햇볕이 나든 내 생활과는 무관한 일들이다. 아침에 일어나서 일과가 되어버린 산책을 비가 오든, 햇볕이 나든 계속한다. 그러다 보니 꽃이 지든, 잎이 피어나든 나의 하루하루는 다르지 않다. 일기에 어제와 동同이라고 써도 잘못이 없다.

어쨌거나 유월이 되자 나무는 무성한 잎에 덮여서 가지를 감추어버린다. 산책로도 아카시아 숲 속의 나무 사이로 저만치서 꼬리를 감춘다. 하늘을 가리도록 잎들이 무성한 6월인데도 길바닥에는 손톱 만한 아카시아 잎들이 낙엽 되어 떨어져 있다. 바람이라도 불면 한두 잎씩 내 앞에서 떨어져 내린다. "여름에도 떨어지는 낙엽이 꽤나 되네."라면 집사람도 지나가듯이 "그러네." 한다.

어제도 그제도, 십 년 전에도 여름 낙엽은 떨어졌다. 여름은 무성한 나무 잎만 생각하고 낙엽에는 무심히 지나쳤을 뿐이다. 관심을 갖고 보니 아카시아 잎만이 아니었다. 솔잎도 떨어졌다. 박물관 뜰에 심어 둔 정원수는 거의가 한두 잎씩 여름 낙엽을 떨구었다. 아침마다 박물관 뜰을 쓸고 있는 할아버지의 빗자루 끝으로 온갖 낙엽들이 쓸려 나가고 있었다.

"여보, 지금 한창 여름인데 저기 쓸려 나가는 나뭇잎은 억울하다는 생각이 들겠다."

내 딴에는 좀 재미있게 표현하고 싶어서 낙엽의 생각을 말해 보았다. 아내는 자기 생각에 푹 빠져서 내 말을 귀 밖으로 흘려버리고 아무런 대꾸도 하지 않았다. 청소하는 할아버지가 빗자루로 쓸 적마다 낙엽은 저쪽으로 쓸려가서 뒹굴기도 한다. 어떤 잎들은 공중으로 낮게 날아오르다 이내 떨어져 나뒹군다. 심지어 잎들이 부수어지기도 한다. 자기 의지라고는 눈꼽만치도 보이지 않는다. 그렇다고 불평하는 것도 아니었다. 낙엽이 스스로 억울하다고 해 봤자 자기가 할 수 있는 일이 무엇일까? 자기 의지로 할 수 있는 일은 아무것도 없다. 낙엽들은 아무런 저항도 없이 자신의 운명을 받아들이는 모습이다. 한창 나비를 유혹해야 할 진달래꽃도 빗물 때문에 떨어지면서 아무런 몸짓도 아무런 말도 하지 못한 채, 묵묵히 견디기만 했다.

그들도 우리처럼 생각도 없고 감정도 없어 보인다. 어떤 일이 찾아와도 묵묵히 맞이할 뿐이다. 나무들과 풀들도, 꽃들과 잎들도 저마다 생명을 가지고 있다. 천년만년보다 더 오랜 세월을 버티어 온 생명체이다. 긴긴 세월을 겪으면서 온갖 경험들이 축적되어 있을 것이다. '내 힘으로 어쩔 수 없는 일은 순순히 받아들이자'라고 깨달았기 때문일까. 우리 인간이 축적해 온 경험은 그들의 경험을 넘어서지 못한다. 자연의 만상이 축적한 경험에 비하면 미미할 따름이다.

세네카는 네로의 스승이었다. 미움을 받아서 자살을 명령 받았다. 세네카는 거절할 수 없다는 것을 알고 편안한 마음으로 스스로 목숨을 끊었다. '바꿀 수 없는 것은 바꾸지 않는다.'라는 것이 그의 생각이었다. 봄날 만화방창한 꽃잎들도, 여름날에 떨어지는 낙엽들도 없다는 것을 잘 알고 있으므로 편안한 마음으로 받아들였으리라.

박물관 길을 벗어나 집으로 걸어갔다. 오늘의 일기도 '어제와 동同'이라고 쓸 수 있을까? 오늘은 낙엽이든, 온갖 낙화든 어제와 다르게 나의 생각 속에 머물러 있으니까 '어제와 동同'은 아니다. 운명을 말없이 받아들이는 낙화, 낙엽 때문만은 아니고 그것을 바라보는 나의 시선이 어제와 다르기 때문이다. 그러고 보니 우리의 삶은 어제와 동同이면서도 아니다. 죽음도 어쩔 수 없다면 받아들이자. 그러나 죽을 날이 멀지 않더라도 하루하루가 새롭다는 사실을 즐기면서 살자. 오늘은 어제와 다르다고 느끼는 것은 나의 선택이다. 영감탱이가 되어서도 어제와 다르게 오늘을 사는 것은 축복이 아닐까.

어느 아침에

창 밖이 밝아 온다. 아침 신문을 읽으면서 잠자리에서 뒤척이는 아내를 힐끔 바라본다. "잠 깼어?" "응." "그럼, 산책이나 갈까?" 아내는 내 말에 대꾸하지 않는다. 얼른 일어나지도 않는다. "가기 싫어?" "아니야." 몇 번이나 기지개를 켜다가 부스스 일어나 다리를 주물렀다.

두 노인만 덩그러니 남아 있는 우리 집의 아침은 시간도 한가롭게 흐른다. 삶에 부대끼고, 시간에 쫓겨 허둥거리지 않은 지도 꽤 오래되었다. 해가 중천에 떠올라서야 아침 식사를 하는 일도 잦다. 텔레비전에서 귀에 딱지가 앉도록 하는 말이 '노인에게는 아침 산책이 보약이다.'라는 것이 건강 수칙이다. 그 말을 신주

단지처럼 받들고 아침 산책을 꼬박꼬박 챙긴다. 그렇더라도 아침잠에서 깨어나면 젊은이처럼 몸이 가볍지 않다. 솔직히 말해서 다리가 저리고 몸이 무거워 게으름을 피우고 싶을 때가 많다. 바람 소리가 세차든지 빗방울이 후두둑거리면 날씨 핑계를 대고 산책을 빼먹는다.

아파트를 벗어나 박물관 뒤쪽 둔덕길을 조금만 올라가면 산책로로 이어진다. 그때쯤이면 몸도 마음도 가뿐해진다.

"나오길 잘했지?"

"그럼."

이불 밖으로 빠져나오기가 귀찮지만 숲속 길을 걸을 때는 기분이 많이 상쾌해진다. 같이 걷기를 오래 하다 보니 이야기도 별로 없다. 산책로에서 더러 노인들을 만난다. 뒷짐을 지고 느릿느릿 지나쳐 가면서 아무 말도 하지 않는다.

"우리도 저런 모습이지?"

"아냐, 아니야."

우리의 모습도 저렇겠지만 아내와 나는 억지로라도 부정한다. 마음은 애써 몸을 외면한 채 흘러가 버린 시간을 붙잡으려 한다. 내가 마치 옛 시간 속을 걸어간다고 생각한다. 젊었을 때의 모습으로 걸어간다고 착각한다.

“그저께 준하가 편지를 보냈더라. 그놈 참 벌써 그렇게 자랐어.”

“은혜가 편지를 보냈다고 전화를 하더라.”

묵묵히 걷다 보면 침묵의 무게가 무거워서 이런 대화도 나눈다. 내가 손자에게 편지 받은 이야기를 꺼낸다. 초등학교 2학년인 손자가 보낸 편지를 받았을 때의 기뻤던 마음이 다시 느껴진다. 며늘아이의 전화를 받았다는 아내도 “제 에미 치맛자락을 붙잡고 징징거리던 꼬맹이가 벌써…….” 한다.

손자 이야기를 하면서도 머릿속에는 우리 아이들이 어렸을 때의 모습이 나타난다. 외손녀가 보낸 편지에 답장을 보냈다. “우리 길원이가 정말 예쁘더라. 엄마도 초등학교를 다닐 때는 길원이처럼 예뻤단다.” 하였더니 “할아버지 엄마도 예뻤어?”라는 답장을 보내왔다. 손녀의 편지를 읽으면서 기억 속에 보관되어 있는 지난날을 꺼내 본다. 손자, 손녀 대신에 마흔이 다 된 아들과 딸의 어릴 때 모습이 그림처럼 나타난다. 아내와 나도 젊었던 아빠, 엄마가 되어서 아이들과 뛰어다닌다.

오솔길을 빠져나와 박물관 뜰로 내려왔다. 휴게소에는 할아버지 한 분이 멍하니 앉아 있다. 아침마다 만나는 분이다. 우리가 곁을 지나가도 눈길 한 번 주지 않는다. 산책로를 한 바퀴 돌아서 다시 지나가도 그 모습 그대로이다. 움직임이 없다 보니 비석 같다는 생각이 든다. "저 노인은 꼼짝도 않고 무슨 생각을 하실까?" "지난날을 떠올리겠지. 아름답던 지난날을……."

아내는 무덤덤하게 대답하였다. "아름답던 지난날이라. 머릿속에 그려지는 그림들은 예쁘게 쓴 비문이 되겠네." 자신의 비문을 읽고 있을까? 앞으로 쓸 비문을 생각하고 있을까? 뒤돌아보아도 조금 전 모습 그대로여서 정말 돌비석 같다는 생각이 들었다.

할머니 두 분이 지나친다. 얼굴의 주름살이 깊이 패여 우리 나이쯤 되어 보인다. "내 얼굴도 저럴까. 저 정도는 아니겠지?" 아내가 돌아보면서 물었지만 바라는 대답을 훤히 알고 있다. "아냐, 당신 얼굴은 아직 주름이 많지 않아." 아내는 다시 아무 말도 하지 않고 앞서서 걸어간다. 요즘에 와서 무릎이 아프다는 소리를 부쩍 자주 한다. 뒤에서 보면 왼쪽 다리가 약간 굽어 보인다. 그리고 조금 절뚝거리기도 한다.

"당신 처녀 적에 뽀얀 살색과 쭉 뻗은 다리가 무척 예뻤어."

"정말 그랬어?"

아내의 얼굴에 잠시 밝은 빛이 지나간다.

어찌 예처럼 아름다울 리 있겠는가. 영감탱이가 되었으니 이제부터는 스스로 기쁨을 만들면서 살아가야지.

사십만 원짜리

나는 글씨쓰기라고 하면 할 말이 없다. 너무 엉망이라서 조금 빠르게 쓰면 내가 쓴 글씨를 내가 알아보지 못한다. 대학 다닐 때, 군대 간 형에게 편지를 썼다. 나중에 형은 나더러 "글씨를 좀 성의 있게" 써라고 했다. '성의 있게'라는 말은 나를 착잡하게 했다. 내 나름으로는 정성을 들여서 쓴 편지였기 때문이다.

수필을 쓰면서 매우 힘들어한 것은 원고지 쓰기였다. 남에게 보이는 글이라서 글씨를 또박또박 썼다. 볼펜을 힘주어 쥐고 꾹꾹 누르며 천천히 선을 그었다. 아무리 정성 들여 쓰더라도 성의 있게라는 말은 어차피 듣기 마련이다. 원고지를 서너 장만 쓰면 팔이 저리고 아프다.

컴퓨터가 나와서 워드 프로세스라는 기능을 익히는 데는 한두 시간이면 충분했다. 지금은 컴퓨터가 나의 팔이고, 나의 펜이고, 나의 원고지이다. 인쇄되어 나오는 글자는 필사 전문가의 솜씨보다 뛰어나다. 하루에 사오십 장은 너끈히 쓴다. 팔도 아프지 않다. 열등한 몸의 한 부분을 수리하여 기능을 향상시킨 것은 어쩌면 기계의 부속을 갈아 넣어서 수리한 것이나 마찬가지이다. 컴퓨터 앞에 앉아서 얼마나 편리한 세상인가라면서 찬미한다. 몸이 편하다라는 뜻이다. 편리라는 대전제 앞에서 내 몸은 금방 고분고분해진다. 내 의식도 몸을 좇아서 '그렇지, 삶이 편리하니 살기 좋은 세상이지'라고 확신해버린다. 어느덧 나의 몸도, 정신도 편리함에 매몰되어 버렸다.

서울 아들네 집에 갈 때는 으레 KTX 차표만 찾는다. 아홉 시 차표가 없으면 열 시 차표를, 열 시 차표가 없으면 열한 시 차표를 찾는다. 두 시간 만에 서울까지 데려다 주는 편리함 때문에 다른 방법은 아예 생각도 않는다.

그날도 컴퓨터 앞에 앉아서 서울행 차표를 찾느라 여기저기 뒤적이고 있었다. 곁에 있던 아내가 한마디 했다.

"서울에 빨리 가야 할 일도 없는데 그만 버스 타고 가자, 차비도 싸고.”

아내는 싸다는 말을 잘한다. “돈이 싸게 먹힌다”라는 말에 나는 묘하게 거부감을 가진다. “또 돈이냐?”라는 내 말에 짜증이 섞여 있다. “편리한 세상을 사는 법”과 “돈이 싸게 드는 삶”을 두고 말다툼하다 보면 기분이 상해진다. ‘돈만 따지는 속물’이라는 생각과 ‘겉만 번지르르하게 사는 허위의식’이란 사고방식이 일으키는 충돌이다. “당신은 사십만 원짜리 컴퓨터를 끼고 앉아서 시키는 대로 하고 있잖아.”라는 말을 들으면 내가 겨우 사십만 원짜리라는 생각도 든다. 입을 다물어 버렸다. 아내가 자기 말에 거창한 의미를 담으려고 하지 않았음을 잘 안다. ‘허영에 빠져서 편리 타령이나 하지 말고 찬물 마시고 정신을 차려라.’라는 정도였을 것이다.

그러고 보면 편리함은 우리의 삶을 통째로 빨아들이는 블랙홀이다. 어릴 때부터 지금까지의 나날들을 뒤돌아보면, 편리함 때문에 사라진 것이 얼마나 많은가? 원고지에 글을 쓰는 것은 말할 것도 없고 제사 지내기도 마찬가지다. 무덤 만들기도 그렇다. 제사 지내기는 얼마나 불편한가를 홍보하면서 정부가 발 벗고 나섰다. 가정의례 준칙을 만들었다. “죽으면 그만인데 무덤은 왜 만들어, 자식들만 고생시키는 일이지."라는 말도 우리 연배의 모임에서 흔히 들을 수 있다.

어느 인류학자의 말이 생각난다. "신화나 전설은 허황하기 짝이 없지만 민족을 하나로 묶어 주는 접착제이다. 의례는 그 종족에게 정신의 집이고 영혼이 머무는 곳이다." 편리함 뒤로 사라지는 것들도 우리의 정신이고 영혼이다. 컴퓨터 앞에 앉아서 편리한 세상을 찬미하면서 희희낙락하고 있는 동안에 나의 영혼은 엷어지고 사라져 간다. 문득 장자의 나비 꿈처럼, 컴퓨터가 나의 부분인지, 내가 컴퓨터의 부속물인지 헷갈린다.

컴퓨터 가격이 사십만 원에서 삼십만 원으로 다시 십만 원으로 떨어지는 만큼 나도 헐값의 기계 부품이 되어 함께 추락하고 있다.

투병기

종합건강검진을 받고 열흘쯤 지났다. 검진을 주선한 막내아들이 전화하면서 자꾸 말을 더듬거렸다.

“아버지, CT 촬영을 한 번 더 해야겠습니다.”

나는 직감으로 좋지 않은 결과가 나왔다고 생각했다.

“어디가 나쁘냐?”

느닷없는 내 질문에 아들이 당황해 하는 모습이 느껴 왔다. 저어, 저어 하더니 오른쪽 신장에 조그만 혹이 감지되어서 정밀검사를 더 해 봐야 정확히 알 수 있다고 대답했다. “혹의 크기가 조그마하다.”라는 말을 몇 번이나 되풀이했다.

CT 촬영 결과가 나왔다. 크기가 5~6cm 정도로서 1기 마지막

단계쯤이라고 했다. 1기라는 말은 나를 적이 안심시켰다. "아버지, 수술 날짜는 가능한 한 빠른 날로 잡았습니다." 병원에 근무하는 아들 덕을 본 셈이다. 입원할 때까지도 담당의사는 만나보지 못했다. 아들이 중간에서 담당의사의 말을 나에게 전해 주었다.

수술 바로 전날에 입원했다. 저녁에 50대 초반쯤 되어 보이는 집도 교수님이 찾아와서 "많이 놀라셨지요? 크게 걱정하지 않아도 될 듯합니다."라는 말은 나를 안심시키기에 충분했다. "1기"라는 말과 선생님의 "걱정하지 말라"는 말은 나에게 두려움을 많이 지워 주었다. 왠지 의사 선생님의 말에 나는 자꾸 매달리고 있었다. 그 말로 위로를 삼고 싶어서다. 일주일쯤 입원하고 퇴원했다. 일주일 뒤에 조직검사 결과를 보러 오라고 했다.

전날 저녁에 아들이 전화를 했다. "내일 검진을 받으러 가시지요." 하고는 "선생님이 무슨 말을 하더라도 놀라지 마세요."라는 말을 했다. 조금 의아했으나 마음에 두지 않았다. 주치의 선생님 앞에 앉았다. 컴퓨터에서 눈을 떼지 않는 주치의는 "수술은 잘 되었습니다. 조직검사 결과가 나왔는데, 생각보다 독성이 조금 강하네요. 3기라고 해야겠습니다." 3기라는 말에 가슴이 철렁했다. '3기라……, 그러면 예후는?' 갑자기 불안이 엄습했다.

진료 순서를 기다리면서 복도에 앉아 벽에 붙어 있는 질병 설명서를 읽었다. 1기 암의 5년 생존률이 90%를 훨씬 넘는다는 설명을 읽으면서 '나도 5년은 살겠구나', 라고 했던 믿음이 와르르 무너졌다. 갑자기 깊은 벼랑으로 굴러떨어지는 기분이었다.

"그럼 항암 치료를?"

"아직 퍼지지 않아서 수술이 치료의 전부입니다. 항암 치료는 필요하지 않습니다."

"그러면 더 이상의 치료는?"

나는 엉거주춤하면서 일어설 수가 없었다. 무언가 안심이 되는 말을 더 듣고 싶었다.

"이제 집으로 가셔도 됩니다. 추후 관찰만 하면 됩니다."

더 이상 치료할 것이 없어서 그냥 집으로 가라는 말에 좋아해야 할지, 걱정을 더 해야 할지 판단이 서지 않았다. 내가 주춤거리니까 "혹시 화이자에서 하는 임상 테스트에 참여하실 의향은 없으신지요? 일종의 재발 예방약인데, 참여하시면 3년 동안 투약하고 5년 동안 정기적으로 추후 관찰을 CT 촬영으로 하게 됩니다."

아들과 의논했다. CT로 추후 관찰하면 다른 질환도 예비 검진하는 셈이니까 참여하기로 결정했다.

대구로 내려가는 기차표를 미리 끊어 두고 큰아들 내외와 저녁 식사를 하러 갔다. 입안이 까칠까칠해서 음식물이 넘어가지 않았다. 아이들 앞에서는 괜찮다는 표정도 지어야 하고, 속에서 음식은 받아 주지 않고, 지금 생각해도 그 순간이 정말 곤혹스러웠다. 아무리 그렇더라도 풀이 죽은 모습을 감추기는 어려웠다. 저녁밥을 몇 술 뜨다가 수저를 놓았다. 3기라는 의사의 말이 머릿속에서 자꾸만 생생하게 떠올랐다.

'내 나이가 예순아홉이니까 설사 잘못되더라도 일흔은 살겠지.' 나는 죽음을 떠올리면서도 일흔 나이에 집착했다. 20대 중반에 군입대를 앞두고 신체검사를 하면서 혈압이 높다는 판정을 받았다. 그 정도로는 군에 가야 한다. 그러나 나는 심전도 검사에서 좌심실 비대로 나왔다. 군 면제를 받았다. 이 순간도 나에게 절망감을 안겨 주었다. 집으로 돌아와서 내과 책을 꺼내어 내가 받은 진단을 찾아보았다. 치료하지 않으면 기대 수명은 20년이었다.

그렇다면 40대 중반에 낙엽이 되어서 떨어져야 한다. 나는 이때의 충격을 평생 동안 안고 살았다. 40대 중반을 넘어서자 오늘이든, 내일이든 갑자기 죽을 수 있다는 생각이 또 나를 옭아맸다.

그때 내가 계산해 보니 일흔 나이만 살면 내가 두려워하는 것들이 모두 해결될 것 같았다. 만약에 아이를 낳아 키운다면 이 나이가 되면 성년이 되어서 독립할 수 있다. 아내도 가정을, 가족을 떠맡는 짐을 지지 않아도 된다. 그래서 나는 일흔까지 살게 해주십사 하고 빌기도 했고, 일흔까지는 어떤 일이 있어도 살아야 한다는 다짐을 하고 또 했다. 그러느라 '일흔'은 나에게 또 하나의 의미 있는 숫자가 되어 버렸다.

두 달마다 서울대 분당 병원에 검진을 받으러 다녔다. 대구에서 6시 40분에 성남으로 출발하는 고속버스를 타고 중부 고속도로로 다녔다. 중부 고속도로 변에 펼쳐지는 시계의 변화는 나에게 많은 기억들을 만들어 주었다. 불안한 마음도, 계절따라 바뀌는 창밖의 풍광이 기억에 새겨 주는 그림도, 그리고 열심히 책의 페이지를 넘기는 일들이 나에게 하나의 아름다운 추억으로 남았다.

오래 전부터 암으로 투병하시던 문단 선배님이 계셨다. 그 분을 회장으로 모시고 총무로 일한 일도 있어서 각별한 사이이다. 그 분이 자주 말씀하셨다. "내게 시간이 많지 않다는 생각을 하니 시간이 너무 아까워. 그래서 무엇이든지 남겨둘 거리를 만들어야겠다 싶어서 하루의 대부분을 컴퓨터 앞에서 보내는 거야. 늙으면 잠도 없잖아. 한밤중에도 컴퓨터 앞에서 책을 보거나 글을 쓰고 있어." 그때의 내 심정도 그랬다. 책도 펴내고 싶고, 남길 만한 글도 쓰고 싶었다. 암 진단을 받고 나서 수십 편의 수필을 썼고 미술책을 발간했다. 소설까지 썼다. 그러느라 내가 맡고 있던 문학 단체의 운영에서 벗어나고 싶은 대신에 내가 직접 운영하는 모임은 좀 더 적극적으로 하고 싶었다. 이것도 욕심인지 모르겠다.

병원을 2년쯤 다녔다. 교수님은 이렇게 말했다. "2년이 지나면 재발하는 경우는 거의 없습니다. 3년이 지나면 안심해도 됩니다." 그 말을 들으니 뛸 듯이 기뻤다. 나도 몰래 '후유' 하는 긴 한숨이 나왔다. 불안이 엄습해 올 때마다 나는 일흔 나이를 되새겼다. 그리고 마음을 다잡고 불안을 몰아냈다. 내가 젊은 날에 '일흔 나이'가 되면 하느님께 감사해야겠다는 소망을 떠올렸다. 그 일흔이 되었는데도 나는 더 많은 것을 요구하고 있잖아. 그러면 안 되지. 일흔 나이를 감사할 줄 알아야지. 이렇게 되뇌이고 나면 많은 위로가 되었다. 죽음을 눈앞에서 느끼니까 무언가를 남기고 싶었다. 그래서 더 많은 글을 썼다. 이 글을 쓰고 있는 지금은 수술하고 4년이 되었을 때다. 지금은 일흔이 훨씬 넘었지만 앞으로도 그런 마음으로 살아가겠다.

며칠 전 진료를 받았을 때, 의사 선생님은 "지금부터는 6개월에 한 번씩 나오시도록 합시다."라고 했다. 대구로 내려올 때 며느리가 KTX의 표를 끊으려 했다. 나는 굳이 마다하고 버스로 내려가겠다고 했다. 며느리에게 말했다.

"내가 4년 가까이 다녔던 중부 고속도로 변의 풍광을 한 번 더 보고 싶구나."

4
잘 사는 게 뭐지?

"우울증 때문에…."라며 울먹거리던 동생의 목소리는
나를 깊은 혼란 속으로 빠뜨렸다.
'잘 사는 게 뭔데?'라는 풀 수 없는 화두를 나에게 남겨 주었다.

우리 형님과 누나가

1

우리 남매들은 일 년에 서너 번쯤 만난다. 막내 여동생이 일흔이니 모임에서는 지난날을 이야기하는 걸로 시간을 보낸다. 지금 눈앞에서 일어나는 세상일은 노인인 우리 남매의 관심사에서는 멀어진 듯하다. 팔순이 넘은 형수님들은 시집살이나, 시어머니 이야기를 많이 한다. 아주 아주 옛날 이야기이지만 오늘 신문에 난 일보다 더 가깝게 느낀다. 그래도 바로 위의 형과 내가 나누는 대화는 어제 저녁에 뉴스 시간에 들었던 사건도 더러 화제로 삼는다. 그럴 때마다 맞은편에 앉아 계신 큰형님은 우리들의 대화에는 관심도 없는 듯, 입을 다물고 숟가락만 만졌다. 하기야 팔순이 넘은 연세이니 정치 따위에는 초탈하신 연령이기도 할 것이다.

그래도 나이가 적은 탓인지 요즘 세상 이야기를 먼저 꺼내기는 주로 내가 한다. 대통령을 탄핵까지 했으니까 얼마나 세상이 떠들썩한 이야기인가.

"형님, 우리가 대통령을 잘못 뽑은 것 맞지요. 글쎄, 해먹으려면 전직 대통령처럼 수천 억씩 통 크게 자시든지. 겨우 아줌마 명품 값 만들어 주느라고. 내 원 참!"

"사람을 안다는 것이 그만큼 어렵다는 거지. 박정희 대통령을 생각하고 뽑은 거지, 그분의 파란만장한 인생 역정을 보고 동정심으로 뽑은 점도 있지."

"마음에 상처가 많은 분이 지도자가 되어서는 안 된다니까요."

나는 대통령을 강하게 부정했다. 바로 위의 형은 교장 선생님이셨던 탓인지 나보다는 감정이 많이 희석되어 있다. 논리적이고 인간적이다. 아무리 코앞에서 일어난 일이더라도 우리의 대화는 지나가는 이야기 거리일 뿐이다. 금방 이야기의 화제를 바꾼다.

2

큰누나는 걸핏하면 우리가 어렸을 때의 이야기를 한다. 우리가 꼬맹이 때는 업어서 키웠다는 이야기도 하고, 형을 업고 어머니의 심부름을 갔던 이야기도 한다. 우리는 기억도 못하는 때의 이야기이다. 겨울에 마을 뒤편 개울로 빨래하러 갔던 이야기며, 농사철에 일꾼에게 밥을 해 주느라 오뉴월 더위 속에서도 부엌에서 불을 지피던 이야기이다.

"그때는 삼시 세 끼를 못 먹는 집이 많아서."

"그럼, 그랬지. 새벽에 밥을 지으러 나갔다가 도둑을 만나서 혼비백산했던 일을 알아?"

"알다마다. 올케가 비명을 질렀잖아."

형수와 누님은 올케와 시누이 시절의 이야기를 나눈다. 이야기를 듣고 있으면 60년 전인가. 아니다 70년 전의 일이 눈앞에서 일어난 듯 생생하게 느껴진다.

이런 이야기도 했다. 눈이 많이 쌓인 날, 도둑놈 발자국을 따라갔더니 앞 골목의 집으로 들어갔다. 사립문 앞까지 갔다가 돌아왔다는 이야기도 했다. 도둑은 나쁘지만 밥을 굶은 사람이 많았을 때이므로 알고도 모른 척했다는 이야기였다. 그러면서 그때는 가난하게 살아도 인심은 지금보다 좋았다는 이야기를 나눈다.

"요즘 젊은 사람들은 왜 박정희 대통령을 욕하는지 모르겠어. 보리밥도 못 먹을 때 쌀밥을 먹도록 해 주었잖아."

"그랬지. 보리가 익지도 않았는데 베어다 보리떡을 해 먹었잖아."

나는 우리 자매들 모임에 가면 모임마다 거의 빠짐없이 들었던 이야기가 밥도 제대로 못 먹던 시절의 이야기이다. 나는 내 아이들과 만나는 자리에서 보릿고개 이야기를 하지 않은 지도 오래되었다. 귀담아듣지 않기 때문이다. 그러나 노인이 된 우리 모임에서는 자연스럽게 보릿고개 이야기를 하고, 박정희 대통령을 이야기한다. 누님과 형수님의 이야기를 듣고 있으면 박정희 대통령이라면 배를 부르게 해 준 사람일 뿐이다. 민주주의니 독재자니 하는 말은 없다. 이럴 때도 큰형님은 아무 말씀을 않고 듣기만 했다. 하기야 형님께서도 교직에서 정년퇴임을 하셨으니까 누님이나 형수님과는 다를 것이다. 군사 혁명이며, 독재이며, 민주주의 정치에 걸림돌이 되었다는 것쯤은 알고 있기 때문에 말씀이 없으시다고 생각했다.

3

맞은편에 앉으신 큰형님께서 누님에게 열심히 설명한다. 팔십대 중반이신 누님은 팔십대 초반인 형님 말을 좀 더 잘 들으려는 듯, 허리까지 구부려서 귀를 가까이한다. 간간이 고개까지 끄덕인다. 그러다가 “그놈들이 나쁜 놈이 맞아.”라며 동조한다.

나는 무슨 말을 하는지 궁금했다. 나도 귀를 쫑긋 세우고 형님의 말을 주워 담으려 했다.

“저놈들은 아주 끈질긴 놈들이야. 예전에 빨갱이가 하는 짓과 똑같아. 세월호가 언제 있었던 사건인데 자기들에게 유리하다 싶으니까 우려먹고, 또 우려먹고 하는 거야.”

큰형님은 우리들에게도 간간이 학생이었을 적에 아버지의 심부름을 가다가 산길에서 만났던 산빨갱이 이야기를 하곤 했다. 누님은 눈만 껌벅거리면서 여전히 귀를 기울여 듣고 있었다. 내가 바로 위의 형님과 이야기를 나눌 때, 큰형님은 한마디도 끼어들지 않았다. 듣는 척도 하지 않았다.

옆에 앉아 있던 여동생이 말했다.

“큰오빠가 지난번에 돈을 2만 원이나 내고 서울까지 갔다 왔대. 태극기 데몬가 하는 거 하러 갔다지 않아. 팔순 영감탱이가 그런 데는 뭐하러 가노."

나는 여동생의 말을 듣고 큰형님과 누님이 나누는 대화를 듣지 않는 척했다. 그리고 한마디도 끼어들지 않았다. 숟가락질만 했다. 영감탱이면서도 세월은 다르다는 것을 느꼈다.

장손과 벌초를 가다

장조카에게서 전화가 왔다. 이번 토요일에 벌초를 뒷마무리하러 가는데, 함께 가시려면 자기 차로 모시러 오겠다고 했다. 벌초가 끝나면 다음 주에는 뒷마무리하러 간다. 해마다 그렇게 했다.

장조카의 차를 타고 가면서 이런저런 이야기를 나누었다. 나이로 따진다면 30년 가까이 차이가 남으로 두 세대쯤 되겠다. 산소에는 8대조 할아버지부터 모셔져 있으니까 장조카는 8대 종손이 된다. 벌초하러 가는 길이라서 자연스레 산소 이야기를 나누었다. 돌아가신 형님께서 이 산 저 산 흩어져 있는 묘소를 한곳에 모아 종가의 묘역을 만든 것은 후손들 묘지 관리 일을 가볍게 해 주려는 게 아니었을까? 바로 너의 일을 줄여 주려는 뜻이었을 게다. 너도 다시 묘역 관리를 후손에게 넘겨 주어야 할 텐데, 될 수 있으면 지금보다 더 수월하게 일하도록 하여서 넘겨 주면 좋겠다고 했다. 우리 집안 종가 묘역에는 종손들만 모신다. 지손들은 들어갈 수 없으므로 결국은 종손만이 묘역을 관리하게 되므로 힘이 많이 들 것이다. 우리 형제는 다행히 여럿이라서 동생인 우리가 도우고 있지만, 우리가 죽고 나면 외아들인 장조카는 힘들 것이라 싶어서 한 말이었다.

친구들의 모임에서는 묘소에 대하여 의견이 많다. 옛날 전통을 지킨다는 것은 현대인의 생활로는 불가능하다는 의견이 대부분이다. 곧잘 하는 말이 "죽으면 없어질 몸"이다. 그런데 허상을 만들어서 후손을 힘들게 해야 하겠느냐는 현실적인 목소리를 낸다. 그러나 전통이란 편리를 따져서 마음대로 바꾸는 것이 아니라는 고집쟁이도 없는 것은 아니다. 칠순이 된 영감탱이들의 생각도 이러할진대 하물며 젊은이들이야 제사도, 묘역 관리도 하고 싶지 않을 것이다. 나는 전통도 지키고 현대인의 생활에도 불편함이 없도록 하자는 어중간한 주장을 한다. 이 눈치 저 눈치 보면서 묘역을 줄이고, 제사도 간소하게 하자는 식의 티 잡히지 않을 소리를 하는 셈이다. 그러면서도 상당히 진보적인 사고를 한다고 믿는다.

내 말에 장조카는 "아랫대로 내려가면 묘역이 필요할까요?" 라고 했다. 나는 깜짝 놀라서 "묘역은 지켜야지 없애면 안 되지." 라고 단호하게 말했다. 잠시 침묵이 흐르면서 서로가 어색해 했다. 친구 모임에 가면 "나는 화장해서 재를 산에 뿌릴란다."는 친구가 많다. 그러나 "어차피 아이들이 묘소도 돌보지 않을 텐데" 라는 뒷말이 여운을 남긴다.

"넌, 할아버지 할머니에 대해서 얼마나 아느냐, 탑안 할머니 이야기는 아느냐?"고 했더니 장손은 모른다고 했다. 나는 실망스러워서 "넌 종손인데도 어떻게 우리 가족사를 모르느냐"고 했다. 아버지에게도, 어머니에게도 들어 본 일이 없단다. 큰형님은 왜 선대의 이야기를 하지 않았을까? 우리 집의 수치라서 이야기하지 않았을까? 직장 따라 떠도느라 이야기할 기회가 없었을까? 또 다른 이유가 있었을까?

나는 묘소까지 가면서 할머니 이야기를 했다. '할머니가 중년에 문둥병을 앓으셨다. 그 시대에는 천형의 병이라고 하여 집안의 수치로 생각했단다. 할머니가 돌아가시자 화장을 하고, 무덤도 만들지 않았다. 형님께서 집안 묘역을 만들면서 화장한 곳의 흙만 떠와서 가묘를 만들어 모신 거야. 그뿐만이 아니라 할아버지 형제가 5형제였는데, 전해 오는 말로는 막내가 형제 중 공부도 제일 잘하셨는데. 그만 그 할아버지가 또 문둥병을 앓으셨어. 학교를 졸업하고 고향에서 조선종이 공장도 운영하고, 양잠도 하고, 산에 나무도 심어서, 왜정시대에 돈을 많이 모으셨데, 그 할아버지는 혼자 사시다가 자살을 하셨단다. 장조카는 처음 듣는 이야기라고 했다. 우리가 농은 할아버지라고 부르는 증조할아버지 이야기도, 탑안 할머니라고 하는 서할머니 이야기도 들려주었다. 서할머니는 비록 우리의 족보에는 이름을 올릴 수 없었지만 우리에게 삶의 지침을 남기신 분이라고 했다. 그래서 묘소를 만들어서 모신다고 했다. 나는 어릴 때 이런 이야기를 어머니로부터 들었다. 그러면서 우리 집에는 대대로 전하고 싶은 이야기도 있었고, 숨기고 싶은 이야기도 있음을 알았다.

고관대작으로 살았던 조상이든, 평생을 농사만 지으면서 살았던 사람의 삶에서는 배울 만한 이야기가 있기 마련이다. 그런 이야기는 아버지의 입에서 아들에게로, 아들의 입에서 손자에게로 전승되면서 우리의 뿌리가 만들어지고 맥을 잇는다. 마침, 금년에는(2017) 추석 특집으로 알렉스 헤일리의 '뿌리'를 방영했다. '킨타 쿤테'라는 선조의 이름과 '캄비 볼롱고'라는 강 이름을 더

듬어서 조상을 찾아가는 이야기이다. 우리도 아이들에게 기억에서 기억으로 이어질 이야기를 남겨 주어야지 않을까? 후손 중 누가 뿌리를 찾고 싶을 때, 찾아갈 길이라도 있어야 하지 않을까.

책에서 읽었다. 우리가 오래 사는 법은 죽은 뒤에 살아 있는 사람이 우리를 기억해 주고, 내가 살았던 흔적을 그들에게 남기는 것이라고 했다. 내 아들은, 내 손자는 나를 무엇으로 기억해 줄까. 나는 어떤 흔적을 남길 수 있을까. 그래야만 내가 오래 살 수 있을 텐데.

마침 아들이 전화를 했다. "아버지, 추석 전날 내려갈게요."라고 했다. "그래라. 이번 추석에는 선대 묘소에 성묘하고 올라가거라. 시간을 그렇게 준비하고 내려오너라." 했더니 "예" 했다. 아이들이 내려오면 묘소의 비석마다 내가 아는 만큼의 이야기를 해 주어야겠다. 문둥병으로 돌아가신 할머니 비석 앞에서는 말하고 싶지 않은 이야기도 해 주어야겠다. 그래서 할머니를 기억하고, 또 아들에게 이야기를 전해 주도록 해야겠다. 그래야만 우리의 뿌리도 지키고, 나 또한 오랜 동안 살아 있게 될 것이다. 그러려면 나의 묘지에 작은 비석만이라도 만들어야겠다. 우리 아들이 성묘 와서 손자에게 내 이야기를 해 줄 수 있도록.

기분 좋은 날

사무국장으로부터 전화가 왔다.

"학장님, 이번 학기는 수강생이 30명이 넘는데 또 등록하겠다면서 두 명이나 전화를 했습니다. 어떻게 할까요?"

"조 선생이 관리하기 어려우면 다음 학기에 등록하도록 하세요."

"관리하는 것은 문제가 아닌데, 교실에 자리가 모자랄 것 같아서요."

"자리가 없으면, 방법이 없잖아요."

"그런데 선생님이 쓴 책을 보고 이번 학기에 꼭 등록하여 선생님께 배우고 싶다고 우기니, 거절하기가 어렵네요."

"내 책을 보았다고요?"

"예."

"그렇다면 등록을 시키세요."

나는 기분이 무척 좋았다. 더욱이 내가 쓴 책을 보고 수필쓰기를 꼭 나에게 배우고 싶어 한다니 기분이 좋을 수밖에.

수필문예대학이라고 이름을 붙인 문화교실에서 학장의 자리에 앉아 있은 지도 거의 6년이 되었다. 내가 학장이라고 하여도 문화 교실을 실질적으로 운영하는 사람은 따로 있었다. 문학을 전공한 교수님으로서, 창립을 했고, 운영을 총괄해 왔고, 모든 사람이 그의 수필문예대학이라고 알고 있다. 나는 학장이라는 자리만 지키고 앉아 있었으므로 곧잘 "나는 명분만 학장이다."라고 말했다. 그렇다고 하여 나의 자리에 대해서 조금이라도 불만을 가진 것은 아니었다. 나는 문학이 전공이 아니므로 학장이라는 말을 듣는 것조차 아주 거북했다.

문화 교실은 운영비와 관계가 깊다. 수강생을 모아야 하고, 재정을 책임져야 하는 자리지만 나는 명분뿐인 만큼 그런 책임에서 벗어나 있었다. 얼마나 편안한 자리인가, 나는 운영에 대하여 한마디도 하지 않았다. 그것은 내가 지켜야 할 도리라는 것을 잘 알고 있기 때문이었다.

처음에는 수강생이 많았으므로 운영에 어려움이 없었다. 문화교실 졸업생 수가 많아지자 수필문예회라는 조직을 만들었다. 조직이 결성되면 회칙도 만들어야 한다. 수필문예회가 수필문예대학을 운영한다고 규정하였으므로 수필 공부 교실은 문예회의 하부 조직이 되었다.

몇 년이 지나가자 경제적으로 어려움이 닥쳐왔다. 회비로 운영하는 수필문예회 회원들이 수필문예대학을 운영하는 일에 부담스러워했다. 이제는 학장이 명분만으로 존재하기가 힘들게 되었다. 문예대학의 재정을 독립하여 운영하는 길밖에 없다고 생각했다. 그래도 운영의 어려움이 해소되지 않았다. 수필문예대학을 해체하자는 말도 나왔다. 수필 교실에서 수필 쓰기를 배운 사람들이 "우리의 모태가 없어지잖아." 라면서 섭섭해 하는 사람도 있었다. 여러 사람들의 의견을 들어 보니 "우리의 뿌리인데 존속시켰으면 좋겠다."는 의견이 많았다. 나는 수필문예대학의 존속을 원하는 사람이 있는 한, 내가 앞에 서서 운영을 계속해 보겠다고 했다. 이런 와중에서 내가 수필문예대의 운영을 맡았다.

재정의 어려움을 해소하기 위해서 운영을 맡았으므로 학기마다 적은 액수이지만 재정을 지원하기로 하였다. 강의실도 새로 구했다. 나는 문예대학의 운영을 맡으면서 나름대로 원칙을 지키겠다고 마음을 다잡았다.

나는 전문 문인도 아닌데 문단에서 세력을 구축하지 않겠다. 수료 후에 그들이 어떤 길을 걸어가든 간섭할 일이 아니라는 생각을 했다. 수필 쓰기는 단체를 필요로 하지 않는다. 혼자서 자기와 고독하게 대면해야 한다는 것이 나의 생각이었다. 다행히도 수필문예대학은 궤도를 이탈하지 않고 굴러갔다. 문예대학이 정상을 유지하고 있으니까 문예회도 활기를 띠었다. 문예회의 운영에 관하여 더러 나에게 전화를 걸어 왔지만 나는 일체 관여하지 않는다는 원칙을 고수하였다.

모임은 권력을 만들어 내는 장소인지도 모른다. 바깥에서 모임의 운영에 관심을 가지고 간섭하는 일은 옳지 않다는 것이 나의 생각이다. 그러나 모임을 사랑하기 때문에 관심을 가져야 한다는 사람도 있다. 수강생 모집이 갈수록 어려웠다. 금년에는 도서관에서, 심지어는 동사무실에서 조차 문화 교실이라면서 수필 쓰기의 무료 강좌를 개설하였다. 우리는 수강료를 받으므로 수강생이 얼마나 찾아올까 싶어 조바심을 했다. 시나 동화를 가르치는 문학교실에서 수강생이 모여들지 않아서 시름에 잠겨 있다는 소문도 들었다.

이런 분위기에서 사무국장 전화를 받고 나는 기분이 무척 좋았다. 이번 학기에 내가 한 유일한 일이라면 지금까지 프린트물을 교재로 사용하였으나, 책으로 꾸민 일이었다. 내 책을 보고 꼭 내게 수필쓰기를 배우고 싶어 한다는 말은 나를 들뜨게 하기에 충분했다. 나는 입학식 때 환영의 말을 이렇게 했다. “여러분은 수강료를 내고 저의 문예대학을 찾아왔습니다. 절대로 실망하지 않도록 최선을 다하겠습니다.” 그렇다. ‘사심 없이 열심히 하는 것만이 방법이다.’라는 다짐을 다시 했다.

수필문예대학이 궤도에 오르자 나도 모르게 나의 공적이라고 생각하는 것은 아닌지 모르겠다. 그러나 나는 다시 다짐한다. 언제든지 운영에서 손을 뗄 마음의 준비를 하고 있다. 마음을 비우고 도를 닦는 기분으로 수문대를 운영하겠다. 공연히 도덕군자인 척하는 다짐이 아니기를 다시 약속하자. 다짐을 자꾸 한다는 것은 그만큼 욕심을 벗기가 어렵다는 뜻이기도 하다. 수문대 운영이 조금 수월해지니까 공연히 자만심에 사로잡혀 있지 않기를 거듭거듭 바랐다. 나도 욕심이 없을 수 없는 인간이기 때문에 나 자신을 채찍질하는 것일 게다.

7, 8년이 지나니 책으로 만든 나의 수필 교재가 바닥이 났다. 수필 교재를 책으로 만들었을 때는 수강생에게 나누어 줄 교재가 바닥이 나면 수문대도 후배 선생님께 운영을 넘겨 주자고 생각했다. 시간이 흐른 지금에 생각해 보니 그런대로 분수를 지켰다고 생각한다. 하지만 교재가 없어서 더 이상 나누어 줄 수 없는데도 자리를 지키고 있는 것을 보면 나 또한 자리에 연연하는 속물인가 보다. 그렇더라도 기분 좋은 날이 지금도 내게 오기를 바란다.

참 좋은 선물

아이들이 올갠을 우리 교실로 옮겨 오면 '우와'하고 함성이 터졌다. 공부보다는 음악 시간이 즐거운 거다. 나는 아니었다. 음악 시간만 되면 주눅이 들었다. 앞에 나가서 노래를 부르는 것을 죽기보다 싫어했다. 선생님이 반주를 멈추고 나를 바라보면 교실 안은 웃음바다가 된다.

성적표의 음악 칸이 '양'으로 매워지는 것만으로 끝나는 것도 아니다. 이 경험은 수시로 출몰하여 나를 괴롭혔다. 사람들 앞에 나서면 머릿속은 하얗게 된다. 미리 준비해 둔 가사가 생각나지 않아 머뭇머뭇한다. 성인이 된 후에도 자청하여 노래를 부르거나 남들 앞에 나서는 일은 거의 없었다. 뒤풀이 같은 유흥의 자리에는 슬그머니 꽁무니를 뺀다.

야유회를 다녀오는 버스 안이었다. 사회자는 분위기를 돋우려 "학장님, 학장님" 하면서 억지로 노래를 부르도록 하였다. 한 곡쯤 부를 수 있으리라 싶어서 눈을 딱 감고 노래를 불렀다. 아직 일 절도 끝나지 않았다. "아이고, 음악을 편곡까지 하셨네요. 됐으니 고마 앉으시소." 하고 노래를 중지시켰다. 버스 안의 사람들은 와 하고 웃음을 터트렸다. 사회자는 청중을 웃게 하고 즐거운 분위기를 만드는 것도 그의 몫이다. 남의 아픈 곳을 찔렀지만 악의는 없다. 나는 아니었다. 버스 안을 넘쳐나는 웃음소리는 초등학교 때의 교실 안의 웃음소리와 겹쳐져서 나의 아픈 기억을 증폭시켰다.

이런 일도 있었다. 색스폰의 연주를 들으니 유행가가 떠올랐다. "이것 ○○곡이지요?" "아닌데요. ○○곡인데요." 아뿔사. 너무 부끄러웠다. 베토벤도 쇼팽도 아닌 유행가마저 제대로 맞추지 못하다니, 무식함을 드러낸 후로는 노래에 대해서 '아는 척'하는 일은 아예 접어 버렸다. 하여간 대화에 노래가 나오면 입을 다물어 버리는 것이 내 인생에 드리워져 있는 그림자가 되어 있다.

십여 년 전, 멕시코를 여행하였다. 한적하기 이를 데 없는 멕시코 해안가였다. 식당 안은 우리 일행이 손님의 전부였다. 챙이 큰 밀짚모자를 쓴 멕시코 남자는 악사와 가수였다. 기타 반주에 맞추어서 베사메 무쵸를 불렀다. 언어가 소통되지 않는 낯선 나라였지만 베사메 무쵸의 음율은 내 가슴에서 회오리 치면서 떨림이 느껴졌다. "노래를 잘하는데." 혼잣말로 중얼거렸다. 예전에 노래에 대하여 말을 하다가 숱하게 겪었던 나쁜 경험이 생각나서였다. 웃음거리가 되느니 입을 다물고 있는 것이 이득이라는 것을 체득하였기 때문이다.

숙소로 돌아오는 버스 안에서 음대 교수가 옆에 앉았다. 음대 교수는 "베사메 무쵸가 너무 감동적이었어. 음악인으로 살면서 이런 경험은 몇 번 안 되는 것 같다."라고 하였다. 나는 너무 반가워서 "선생님도 그랬어요?"라고 반문하였다. 내가 느낀 감동은 음악에 대하여 무식하더라도 음악의 울림에 나도 젖을 수 있구나! 라는 안도감 때문이었다. 그때 교수님이 한 말을 지금도 기억하고 있는 것은, 그때 나는 나의 감정조차도 믿지 못할 만큼 노래에 대해서 자신감을 잃고 있었다.

나는 가수 조영남을 무척 부러워한다. 무대 위로 성큼성큼 올라가서 마이크를 잡고 자신의 감정을 자신만만하게 토해내는 노래를 들으면서 '하느님께서 참 좋은 선물을 하셨다'고 부러워하였다. 남의 앞에 나서기를 싫어하기는 아내도 마찬가지다. 그래도 곧잘 음악 공연 티켓을 자주 갖고 온다. 조영남의 무대 공연도 볼 수 있었다. 무대 위를 휘젓고 다니면서 쏟아내는 입담과 가슴이 시원해지는 노래를 부른다. 공연 내내 가슴의 울림도 있었지만, 그보다 더 많은 시간을 웃으면서 즐겁게 보냈다. 극장을 나서면서 "노래는 역시 조영남이다."라는 말을 아내와 주고받았다.

문학 행사장이었다. 식전 행사로서 젊은 가수가 대구의 시인이 쓴 시를 작곡하여 노래를 불렀다. 나는 음악에 무지한 탓으로 무명 가수가 직접 작곡하였다는 말은 시답잖은 노래라고 지레짐작했다. 노래도 흘려들었다. 그러나 가슴 저 깊은 곳에서 쥐어짜듯 토해내는 노래 속으로 나도 모르게 빨려들었다. 가슴이 찡해지면서 울컥 눈물이 쏟아질 것 같았다. 노래는 끝이 났다. 본 행사가 진행되는 중에도 노래 가락은 여운이 되어서 가슴속에 머물고 있었다.

예전에 멕시코에서 음대 교수가 하던 말이 떠올랐다.

"잘 부르는 노래와 감동을 주는 노래는 다릅니다. 감동을 주는 노래를 불러야 좋은 가수입니다."

맞아! 참 좋은 선물이란 노래를 잘 부르는 것이 아니고 감동을 줄 수 있는 노래를 부를 수 있는…….

영감탱이가 되었다고 하여 모든 것이 뒷걸음질하거나, 지난날이 화석이 되어버리는 것은 아닌 듯하다. 두려워서 감히 가까이 가려고 생각지도 않았던 노랫가락이 좋아졌으니까. 카카오톡은 내가 가입한 몇 개의 모임에서 소식을 보내준다. 정말 영감탱이들만의 모임인 카카오톡에서는 노랫가락을 자주 보낸다. 팝도 있고, 유행가도 있고 장중한 음악도 있다. 지금은 그것을 아주 즐겨 듣는다. 영감탱이도 발전을 하나 보다. 영감탱이라고 물러나 있지만 말고 무엇이든지 찾아다니면서 즐기자.

하고 싶은 일을

지난 모임에서 내 책을 받은 친구는 부럽다는 투로 말했다. "벌써 몇 권째냐? 자네는 작가가 되었어야 할 몸인데 길을 잘못 든 거 아니냐?" "작가는 무슨 빌어먹을 작가냐? 책을 여러 권 내면 뭘해. 내 책을 사 보는 사람도 없는데."

이번 모임에서 그가 슬며시 내 곁으로 다가왔다. "동민아, 이것 좀 봐 주렴." 그는 약간 수줍어하면서 스마트 폰을 내 눈 앞으로 가져 왔다. 화면에는 석고상을 데생한 그림이 올라와 있었다. 그러고 보니 대학을 다닐 때 그가 그림을 그리던 일이 생각났다. "우와 잘 그렸다. 이건 보통 솜씨가 아닌데. 미술 대학에 들어가려고 실기 연습을 아주 많이 한 것 같다. 하기야 대학 때도 그림을 그렸잖아." 내 말에 씨익 웃었다. 대학 때부터 친했고, 졸업한 뒤에도 같은 교실에서 공부를 했으니까 서로가 지난날들을 잘 알고 있다. "미술대학에 가려고 했어?" 그는 고개를 저으면서 강하게 부인했다. 고등학교 때 그림을 그린 것은 맞지만 미술대학에 갈 생각은 조금도 하지 않았단다. 그러면서 도리어 내게 질문했다.

"솔직히 말해 봐. 너는 고등학교에 다닐 때 문학을 전공하려고 했었니?"

생각해 보니 그런 일은 없는 듯했다. 내가 처음 수필집을 내면서 "나는 지금의 내 직업을 후회해 본 일이 없다."라는 글을 썼다. 지금도 오늘의 삶을 만족한다. 친구에게 "대학 다닐 때 미술대 여학생들과 작업실까지 얻어서 함께 그림을 그렸잖아. 그림에 미련이 없었느냐?"고 다시 물어보았다. 대학 다닐 때 그림을 그리려고 작업실에 간 것이 아니고 여학생과 함께 작업을 했으니까, 그게 이유라고 했다.

우리는 짝짜꿍이 맞았다. 미대나 국문과에 갔더라면 밥이나 제대로 먹었을까. 밥을 굶지 않고, 아이들 공부를 제대로 시키고, 오늘처럼 모임에서 만나 여유롭게 대화를 나누는 것은 그쪽 길로 가지 않았기 때문이다. 우리 둘은 '그럼, 그럼.' 하는 후렴까지 달면서 술잔을 기울이곤 했다.

살아온 지난날을 후회하지도 않고, 오늘날 하루하루도 만족하는 것은 우리가 선택한 직업 때문이다. 대학 입학 면접 때 교수님이 대학을 선택한 이유를 물으셨다. 무어라고 답했는지는 생각나지 않는다. 히포크라테스 선서를 주절거렸을까. 그때는 알지도 못한 선서였으니까 말하지 않았을 것이다. 밥을 배불리 먹고 싶어서요."라고도 말하지 않았을 것이다. 너무 속이 보이는 대답이 아닌가. 그러나 지금까지 아픈 기억으로 남아 있는 것은, 시골 농사꾼 집안에서 학비를 감당할 수 있겠느냐는 질문이었다. 그때 당황했던 기억은 지금도 생생하다.

친구는 왜 내게 아그리파를 데생한 것을 보여주었을까? 말과 다르게 찌꺼기나 흔적으로 남아 있는 미련 때문이 아닐까? 나도 마찬가지이다. 팔리지도 않는 글을 끄적거리면서 하루 종일 책상 앞에 웅크리고 앉아서 보낸 지도 벌써 오래되었다. 백수를 선언했을 때, 나도 하고 싶은 일을 하면서 살겠다고 호기롭게 선언했을 때, 부럽다는 시선이 많았다. 그것보다는 칭찬인지, 비아냥인지 "돈 욕심이 없다"는 말도 했다. 그 말을 듣고 기분이 야릇해졌다. 속으로 냉소를 했다.

젊은 시절엔 시골 종합병원에서 근무했다. 하루는 대학의 지도교수님이 잠시 대학에 들르라고 전화를 했다. "자네, 시골 병원에서 그만 일하고 이제 대학에 들어오게." 교수님이 한 말이었다. 털털거리는 버스를 타고 두 시간 반이나 내가 근무했던 시골 병원으로 돌아가면서 생각하고 또 생각했다. "지금 받는 월급의 반도 안 되는 월급을 받고 대학에 들어오라고?" 고개를 저었다. 대학으로 가지 않은 가장 큰 이유는 돈 때문이었다. 그런데도 '돈 욕심이 없다고?' 돈 욕심 때문에 하고 싶은 일을 포기하고 산 것이 나의 삶이었고, 나의 생애였으니 쓴웃음을 지울 수밖에.

뿔뿔이 흩어져 사는 우리 가족들이 모처럼 나들이를 갔다. 저녁 식사 후에 한담을 나누는 자리에서 막내가 말했다. "이번에 자리를 옮겼어요. 마침 대학에 자리가 나서." 아내의 첫마디가 월급이 얼마냐고 물었다. 아들은 아무렇지도 않다는 듯 지금 월급의 반밖에 안 된다고 했다. 아내는 마뜩잖은 표정을 지었다. 큰아들이 걱정스럽다는 듯이 거들었다.

"요즘 대학은 옛날 같지 않아. 논문도 써야 하고, 학생 지도에 강의까지. 거기에 진료도 해야 하니 보통 힘드는 일이 아니야. 예전에는 시간이 많이 남았지만 요즘 교수들은 개원의사보다 더 바빠. 책임져야 할 일도 많고."

"형, 알아. 그래도 대학에서 근무하는 것이 내가 하고 싶은 일이었어."

나는 묵묵히 듣기만 했다. 작은아이가 방을 나가자 큰아이에게 말했다.

"너는 왜 하고 싶은 일을 한다는데 좋은 말을 해 주지 않고 그렇게 말해. 김새게."

"그게 아니고요. 힘드는 게 사실입니다. 그걸 걱정한 것이지 나쁜 뜻은 아니예요."

옆에 있던 아내가 거들었다.

"아무리 그래도 월급이 너무 적다."

나는 아이의 말을 들으면서 돈 때문에 하고 싶은 일을 포기했던 젊은 날을 생각하고 있었다. 나와 같이 늙어가는 아내는 월급 이야기를 했다. 큰아들은 돈 이야기는 하지 않았다. 시간 여유를 가지고 살 일이지 왜 빡빡하게 살려고 하느냐라고 했다. 우리 가족은 모임에서 만났던 대학 동기처럼 “그럼, 그럼.”하고 한 목소리로 노래 부르지 않았다. 그러고 보니 우리 영감탱이는 가슴속에 찌꺼기가 되어 있는 미련을 안고서도 잘 살았다고 말한다.

잘 사는 게 뭐지?

요즘에는 백수답게 낮 시간에도 멍하니 텔레비전을 보고 있다. 의사 선생님이 나와서 건강에 관한 강의를 하는 프로와 자주 만난다. 요즘 의사 선생님은 입담이 구수하여 이야기가 재미있다.

"선생님, 치료의 목적은 무엇입니까?"

"잘 먹고, 잘 자고, 잘 싸게 하는 것입니다."

명답이 아닌가.

소아과 의사가 하는 일은 "아이가 자라서 어른이 되었을 때, 혼자서도 잘 살아가게 하는 것이다."라고 하였다. 아이나 어른이나 혼자서도 해석에 혼란이 오지 않는 말이다. 그러나 "잘 살게"

라는 말은 답을 구하기가 쉽지 않다.

'어떻게 하는 것이 잘 사는 것일까?'라고 하면 다분히 형이상학적인 문제와 부딪힌다. 어렵게 표현한 것보다는 "잘 먹고, 잘 자고, 잘 싼다."라는 말은 형이하학적으로 대답한 명답이 아닌가.

금년에는 대학 동기회의 총무를 맡았다. 졸업한 지 39년 6개월이 되었다. 회장으로부터 연락이 왔다. 후반기 동기회 운영에 관하여 임원진이 모여서 이야기나 나누잔다. 임원진이라야 겨우 세 명이다. 동기회 운영은 핑계이고 술이나 한 잔 하자는 속셈이다. 만나기로 한 장소는 막걸리 맛이 소문난 집으로 된장 우거짓국에 비빔밥이 일품이라고 한다. "양식집보다 이런 집이 더 좋지. 난 이런 집이 더 좋더라." 전화기를 통하여 그가 전한 말이었다.

회장은 졸업하고 바로 미국으로 가서 전문의가 되었다. 그곳에서 근무하다 귀국하여 모교의 교수로 봉직하고 있다. 그러다 보니 우리들의 이야기는 자연스레 미국 동기들의 근황이 되었다.

미국 동기에 관한 나의 기억은 거의 20년쯤 전에 미국에 정착한 친구 집을 방문했을 때가 전부이다. 마치 동화책의 성곽 같은 집에 살고 있던 모습이 강렬한 기억으로 남아 있다. 동기의 부부

60여 명이 모여 가졌던 파티장은 지하였는데, 카페 노래방, 당구장도 있었다. 그래도 자리가 남았다. 그날 저녁에 이 자리에 참석하지 못한 미국의 동기로부터 전화를 받았다. 학교에 다닐 때 서로가 외로워서 가까이 지내던 친구였다. 나는 전화를 받자 대뜸 "우와, 너네들 미국에 와서 성공했더구나. 집이 어마어마하구나."라며 부러워했다.

그때 전화선을 타고 온 그 친구의 차분한 목소리가 지금도 내 가슴속을 싸하게 해 준다.

"그렇게 보였나? 우리가 이 정도라도 자리를 잡기 위해서 흘린 눈물이 얼마나 많은지는 모를 거야."

그때 그가 왜 그런 말을 하였는지 나는 잘 모른다. 그때 그의 말을 아무 생각 없이 흘려 들었기에 무슨 뜻이 담겼는지 모른다. 그냥 부럽기만 하였을 뿐이다.

나는 회장더러 이렇게 물어 보았다.

"너는 미국에 머물지 않고 왜 한국에 나왔어?"

"난 조금도 후회 안 해. 여기 생활이 얼마나 좋은데. 저녁마다 친구를 만날 수 있지. 눈치를 보면서 부대끼지 않지. 가슴속에 품은 말을 주저 없이 털어낼 수 있지"

"그곳은 그렇지 않아."

"사람 사는 곳이 별 곳이야 있겠냐마는, 우리와 문화가 다르니까 적응하기 어려운 사람도 있어. 어쨌거나 나는 여기가 좋아."

"그래도 무지하게 잘 살던 것 같던데."

"그럴 거야, 그래도 나는 여기가 더 좋아. 돈은 많이 못 벌었지만 한 번도 후회한 적 없어. 오늘 저녁처럼 이렇게 친구와 술을 마시면서 이야기를 나누는 것이 진정한 행복이 아니냐? 이게 잘 사는 게 아니냐?"

맞다. 이게 잘 사는 게 맞다. 나도 그렇다는 생각이 들었다.

미국 생활이 외롭다던 그 친구는 지난 겨울에 유명을 달리하였다. 도무지 믿기지 않아서 한국에 살고 있는 그의 동생에게 전화를 걸었다. 울먹거리는 목소리로 이렇게 말하였다.

"형님도 알다시피 형은 목 디스크와 우울증으로 약을 복용하고 있었잖습니까? 아마도 약을 과용하신 것 같습니다."

우울증이라면…. 나는 순간 가슴이 멍해 왔다. 학교를 다닐 때 미국에 가서 전문의가 되는 것이 그의 꿈이었다. 그는 우리 동기들 중에 제일 먼저 미국으로 갔다. 오늘 저녁에도 우리는 그 친구의 이야기를 나누었다. 회장이 뉴욕에 들렀을 때, 그의 집에 초청을 받았단다. 어마어마한 집의 아래 층에 노래방이 있어서 노래를 불렀단다. 그 친구는 한국 노래를 너무 많이 알고 있더라고 하였다. 한국의 노래를.

그가 한국에 나왔을 때, 식사를 함께한 일이 있었다. 아들은 그리도 어렵다는 의과대학을 나와서 미국 의사가 되었고, 며느리는 독일계 2세로서 역시 의사라고 하였다. 딸은 뉴욕에서 변호사라고 하였다. 나는 또 그 친구가 부러웠다. 자식들의 장래를 위해서 자신의 생활은 접어버리고 사는 사람도 많다던데, 자식들의 교육도 잘 시켰고, 돈도 벌었고, 도무지 부족한 점이 없어 보였다.

그런데 "우울증 때문에…."라며 울먹거리던 동생의 목소리는 나를 깊은 혼란 속으로 빠뜨렸다. '잘 사는 게 뭔데?'라는 풀 수 없는 화두를 나에게 남겨 주었다.

바깥에는 장맛비가 주룩주룩 내리고 있었다. 마음씨 좋은 식당 사장은 괜찮다는 우리에게 억지로 우산을 내어 주었다. 나는 우산을 들고 회장과 어깨를 나란히 하여 빗속을 걸었다.

"우리 한 잔 더 하자. 오랜 만에 만났으니 실컷 이야기나 나누자."

“그럼, 이게 잘 사는 거야. 한 잔 더 하자.”

우리는 비틀거리면서 풀하우스에 들렀다. 아마도 생맥주를 마시면서 횡설수설하였을 것이다. “삶이 뭐냐, 잘 사는 게 뭐야?” 논리에 맞지도 않는 말을 제멋에 겨워 쏟아 내었을 것이다. 잘 사는 것이 무엇인지 쥐뿔도 모르면서 마치 내가 잘 살고 있는 듯이 호기를 부렸을 것이다.

나는 이튿날 속이 쓰려 종일토록 방에 누워 있었다.

깡통 우유 이야기

전화가 왔다.

"여기는 KBS인데요. 선생님께서 우량아 선발 대회에서 심사를 하신 일이 있나요?"

"글쎄요. 없는데요."

라고 했더니 내가 발표한 논문도 있다면서 몇 가지 물어본다. 그러고 보니 수련의였던 70년대 초에 남양유업에서 주최한 우량아 선발 대회에 교수님을 모시고 참여한 일이 있었다. 논문도 그때 썼는가 보다.

너무 오래 전의 일이라서 잊어버리고 지냈는데, 전화를 받으니 지난 일이 하나씩 떠올랐다. 그때는 산업화 바람이 휘몰아치면서 여성들의 사회 진출이 두드러졌다. 경제생활도 좋아지고 있었지만 아이들의 성장 수치는 교과서에 나오는 수치에는 모자랐다. 깡통 우유의 표면에는 살이 포동포동하게 찐 아이의 사진으로 디자인했다. 남양분유의 아기 사진은 모든 엄마들에게 선망이었다.

미국에서 소아 성장·발달을 공부하고 오신 교수님은 우리에게 비만의 위해성을 강조하였다. 우량아 심사에서 너무 포동포동한 아이는 비만의 판정을 받고 탈락하였다. 그러나 자기 아이보다 마른 아이가 우량아로 뽑혔다면서 항의하고 난동을 부리는 일이 드물지 않았다. 가난한 시대를 살아갈 때, 우리들의 자화상이었다.

경제의 발달 속도가 빨라지면서 모유 수유에서 인공 수유로 바뀌었다. 엄마의 젖으로 수유할 수 있는데도 깡통 우유를 좋아했다. 깡통 분유는 부의 상징이었고, 상층 신분의 잣대였다.

80년대이었으리라. 깡통 분유 통에서 살찐 아이의 사진이 사라졌다. 정부에서 다시 모유 수유를 권장하였다. 가난에서 벗어났다는 뜻이다. 모유는 면역력이 좋아진다. 알러지 발생을 줄여

준다. 엄마의 젖가슴에 아기의 뺨이 접촉함으로써 오는 심리적 인 안정감도 강조하였다. 소아과 의사들은 앞장서서 모유 수유를 선전했다. 그러다 보니 어머니 젖가슴은 선의 표상이고 깡통 우유는 악이 되어버렸다.

맞벌이 부부가 쏟아지면서 이제는 신분 과시가 아니고 필요에 의하여 깡통 우유를 먹일 수밖에 없다. 모유 수유를 선전하다 보니 시어머니가 아이에게 젖을 먹이러 며느리의 직장을 찾아오거나. 냉장고에 엄마의 젖을 보관하였다가 먹이는 일도 많았다. 직장을 다니며 깡통 우유를 먹일 수밖에 없는 엄마들은 죄책감에 시달렸다. 그래서 아이들이 버르장머리 없이 굴어도 꾸중하지 못하는 부모가 된 것은 아닐까? 요즘 아이들이 일으키는 문제들은 엄마의 죄책감이 원인을 제공한 것은 아닐까?

그때, 또 다른 경험으로는 산모에게 모유 수유를 권하면 아이가 도무지 젖을 빨지 않아요. 젖을 물리면 도리질만 한다고 했다. "초산일 때는 젖이 잘 나오지 않으므로 그렇습니다. 이삼 일만 빨리면 잘 나옵니다."라고 하였지만 이삼 일이 아니라 일주일이 지나도 여전히 젖을 빨지 않았다. 그래서 인공 수유를 하는 일도 자주 보았다. 나중에 알았지만 분유 회사에서 신생아실에 깡통 우유를 무료로 제공하였음이 원인이었다. 개원한 후로는 신생아실에서 어떤 일이 일어나는지 더 이상 알지 못하였다.

90년대가 되면 깡통 우유의 표면에 우량아가 사라진 대신에 아주 복잡한 성분표가 빽빽하게 적혀 있었다. 엄마들의 지식 수준이 높아졌다는 뜻이다. 70년대의 영양 결핍아에서 비만이 문제가 되는 시대로 바뀌었다. 엄마들도 꼬부랑 글자로 쓰여 있는 영양소 이름을 줄줄 외는 것이 된장이나 고추장을 말하듯이 일상사가 되었다. 엄마가 와서 더 비싼 3개월 아기용 우유를 먹인다고 하였다. 일반 분유와 약간의 성분이 더 들어 있지만 별 차이가 없다면서 비싼 깡통 우유를 먹이는 것은 낭비라고 말해 주었다. 그때 엄마가 내게 한 말이 아직도 여운이 되어 들려온다.

"선생님, 그러면 그렇게 큰 회사에서 거짓말을 한다는 겁니까?"

소아과 의사를 불신하고 분유 회사의 선전 문구를 맹신하는 엄마 앞에서 할 말을 잊었다. 우리 사회는 이미 거대한 산업사회의 톱니바퀴에 짓눌리고 있었다. 이때부터 엄마와 아기의 영양에 관하여 이야기하다 보면 "방송에서나 잡지에서는 그렇게 말하지 않던데요."라는 말을 듣곤 했다. 매스컴에서 한 번 언급하면 진위를 따지지 않는 보증서가 주어졌다. 골목에서 구멍가게 의원을 하고 있는 전문의사의 말은 빛을 잃었다.

병원 문을 닫고 백수가 된 지도 여러 해가 되었다. 딸이나 며느리가 집에 들르면 손자 손녀의 간식거리로 우유를 찾는다. 애들이 하는 말이 '우리 아이는 ○○우유를 먹인다면서 냉장고에서 꺼내 준 우유를 먹이려 하지 않는다. 우리 집의 젊은 엄마는 또 어디서 들은 말을 맹신하고 있는지 모르겠다. 그들이 영양학자가 아니므로 매스컴이 아니면 선전 광고이리라. 산업사회의 거대한 먹이사슬에 매여 있는 줄 젊은 세대들은 꿈에도 모르리라.

영감탱이가 되고 나서 젊은이들을 나무라는 일에 점점 자신을 잃어 간다. 그렇더라도 깡통 우유 이야기는 내가 옳다는 생각이 바뀌지 않는다.

생명이 제일 소중합니다

드라마 속 의사는 "돈이 얼마나 드느냐?"고 묻는 가난한 보호자를 나무란다.

"생명보다 더 소중한 것은 없습니다. 1%의 가능성만 있어도 치료를 해야 합니다."

젊은 날의 나를 보는 듯하다.

1970년대 초의 대학병원은 문턱이 매우 높았다. 대학병원에서 근무하던 우리는 의원을 돌아다니다가 죽음이 코앞에 닥쳐서야 찾아오는 환자를 두고 숨을 거두기 위해서 들리는 종착역이라고 자조했다. 늦게 찾아오는 이유야 뻔하다. 돈 때문이었다.

응급실 침대에서 숨을 할딱이는 환아를 보면 숨길 속에 숨어 있는 생명이 공기가 되어서 하늘나라로 떠나가려는 모습이다. 입원을 권유하면 보호자는 주저주저하면서 "살아나겠습니까?"와 "입원비가 얼마나 듭니까?" 하고 묻는다. 생명과 돈이다. 둘 다 내가 시원하게 대답해 줄 수 있는 것이 아니었다. 살아날 가망이 없어 보이는 아이일 때는 흔히 하는 대답이 '반반입니다.'이다. 보호자가 치료를 망설일 때는 "생명이 이 세상에서 제일 소중합니다."라고 했다. 그래도 엄마는 머뭇거렸다. 생명보다 더 소중한 것이 있기 때문이 아닐까?

생명이란 무엇인가? 질문을 해 본다. 의사가 생명이라고 할 때는 살아 있는 육체를 말한다, 그러나 "인간의 몸(육체)은 영혼을 보여 주는 최고의 그림이다."라고 한 철학자의 말은 몸이 아닌 영혼이다. 생명은 영혼이고 정신이다. 생명은 선과 결합하여 우리에게 최고의 가치가 되었다. 의사가 말하는 생명은 그냥 그림일 뿐인 육체이었는데…….

딸만 넷을 두었다는 중년의 부부가 쉬임 없이 경련하는 신생아를 안고 응급실을 찾아왔다. 아들이라서 명운을 빌고 빌면서 낫으로 탯줄을 잘랐다. 신생아 파상풍이었다. 담당 의사는 우리가 흔히 말해 왔듯이 살아날 가능성이 반반이라고 했다. 살아나기가 어렵다는 뜻이다. 애기 아빠는 돈이 많이 들어도 좋으니 살려만 달라고 매달렸다. 그때만 해도 신생아 파상풍 환자가 목숨을 지키는 일은 기적이었다. 살아나더라도 심한 후유증을 남기는 일이 많았다.

"살려내는 것만이 능사일까?"

위험도가 높은 아이를 두고 늘 가졌던 회의였다. 아이는 기적적으로 살아났다. 퇴원할 때는 멍한 표정을 하고 있던 아이를 바라보면서 엄마와 아빠는 고맙다는 말을 수도 없이 했다. 주치의뿐 아니라 의국 선생님들도 모두 초청하여 식사 대접을 했다. 담당의가 아니던 내가 그 환아의 뒷이야기를 들은 것은 거의 2년이나 지나서였다. 교수님의 방에서 아침 공부를 할 때, 교수님이 들려 주었다. 신생아 파상풍 아이의 아버지가 찾아와서 눈물을 흘리면서 후회를 하더라. 뇌성마비에 경련까지 하는 아이를 돌보느라 엄마는 아무 일도 못한다. 엄마의 인생은 사라져 버렸다. 집에만 들어가면 억장이 무너진다. 아들이면 뭣해요. 이런 이야기였다. 아버지가 남기고 갔다는 그 말에 우리는 생명을 육체만으로 다룬 것이 아니었을까 싶다.

신생아실을 맡았을 때였다. 1.5kg이 넘는 아이는 인큐베이터에서 키우면 거의가 쉽게 살아난다. 그러나 그때 의료 기술로써는 1kg쯤 되는 저체중아는 사정이 달랐다. 1kg가 조금 넘는 아이의 엄마에게 인큐베이터에 넣자고 했으나 주저주저했다. 나는 또 생명의 소중함을 들먹였다. 엄마는 아이를 병원에 맡겼다. 생명의 가치에 공감해서일까. 아니면 내 말이 엄마의 가슴에 아픈 죄책감을 불러주어서일까.

20일쯤 지났을까. 체중이 조금도 늘지 않던 아이는 숨을 거두고 말았다. 엄마에게 무어라고 설명할까? 저체중아일수록 살아남더라도 후유증을 남기는 수가 많다. 생명이 제일 소중한 것만은 아닙니다. 만일의 후유증을 생각하면 엄마가 아직 젊으니까 건강한 아이를 낳아서 키우는 것이 더 좋지 않겠느냐고 말하려고 마음속으로 미리 준비해 두었다. 사실이 그랬다. 그때의 나는 위험성이 높은 신생아를 무리해서 살려내야 하느냐며 회의에 빠져 있었다.

엄마를 만났다. 엄마는 나를 보더니 대뜸 "선생님은 살려내지도 못할 아이를 왜 입원시켰습니까?"라고 항의했다. 옆에 있던 아빠는 상소리까지 섞어 가면서 병원이 돈벌이를 하려고 가망도 없는 아이를 꼬드겨서 입원시켰다며 고함을 질렀다. 미리 준비해 두었던 말은 한마디도 못했다. 아니, 생각나지도 않았다. "그래도 생명이 있는 동안에는 살리려는 시도를 해야 하지 않습니까?" 아마 이런 말을 하였을 것이다. 흔히 그렇게 말했기 때문이다. 그 말을 듣고도 입원할 수 없었던 엄마에게는 내 말이 평생동안 죄책감에 시달리도록 하지 않았을까?

종합병원에 근무하다 보면 노인 환자가 치료를 거부하는 일이 심심찮게 일어났다. 더군다나 말기암이거나 치유가 불가능한 병을 앓을 때는 한사코 치료를 거부했다. 병원비를 대느라 한웅큼도 안 되는 재산을 날려버리느니 남은 가족들 밥이라도 먹어야지 않겠느냐가 숨은 뜻이었다. 생명보다도 가족에 대한 사랑이 훨씬 더 가치 있어 보인다.

생명을 다루는 의사라면서 한 해를 보내고, 두 해를 보내면서 생명이 정말 가장 소중한 가치일까를 회의하는 일이 많았다. 아니, 육체만을 다루는 의사가 생명을 말할 자격은 있을까?

연속극을 즐겨 보다

요즘은 테레비젼 연속극에 푹 빠져 있다니까 젊은 분이 "선생님, 지금도 연속극을 보십니까?" 했다. 얼마 전까지만 해도 연속극을 시시껄렁한 내용의 시답잖은 이야기라며 외면했다. 현실에서 일어날 수 없는 황당한 내용들이다. 논리성이라고는 눈을 씻고 봐도 없는, 우연과 우연으로 이어지는 이야기에 내가 빠져들다니, 얼마나 유치한 짓인가. 그랬던 내가 연속극의 방영 시간까지 챙기면서 보고 있는 이유라면 환상 때문이다.

극중의 주인공은 십중팔구 부모에게 버림 받는다. 프롬이 말하는 민담의 구조 그대로이다. 숱한 고생을 겪으면서도 훌륭하게 자란 주인공이 아버지를 찾으면 하나같이 재벌들이다. 또 하나는 불행하게 자랐지만 예쁘고 마음씨 고운 여자애가 부잣집 아들을 만나서 인생이 황금빛으로 뒤바뀌는 이야기이다. 가당키나 한가. 재미는 밋밋한 흐름에서가 아니고 변화의 순간에 나타난다고 한다. 극적인 변환이 일어나도록 이야기를 만든다는 것을 뻔히 알면서도 텔레비전 앞을 떠나지 못한다.

어쩌면 내가 요즘 와서 현실에서 벗어나고파서 환상을 그리워하는 것은 아닐까? 현실이 그만큼 냉엄하고 무미건조하다는 것일까?

나는 시골 마을에서 자랐다. 초등학교를 다닐 즈음에는 학교에서 집으로 오면 소를 몰고 앞산에 올랐다. 산 위에서 내려다보면 마을도, 길도, 집도 장난감처럼 보인다. 경주 쪽의 남산은 눈앞에 다가와서 동네의 앞산처럼 보인다. 흰 연기를 뿜으면서 들판을 가로질러 달리는 기차는 산모퉁이를 돌아갈 적마다 긴 기적을 남긴다. 연기가 산마루에서 구름처럼 흩어지는 사이 기차는 사라져 버린다. 나는 귓전에서 맴도는 기적 소리를 따라서 상상의 나래를 펼친다. 사라진 기차를 타고 펼치는 상상은 바로 환상, 도시로 달려가는 환상이었다.

벽에 걸려 있는 엠프 라디오에서는 찌지직거리는 소음 속에서 고은정의 옥구슬 구르는 듯한 맑은 소리가 흘러나온다. 사랑의 언어를 속삭이는 그 소리는 내 마음을 설레게 한다. 가로등 불빛을 비추는 도회지의 거리에서 감미로운 사랑 이야기가 펼쳐진다. 나는 환상 속에서 나의 사랑을 만들었다. 여름날에는 시원한 그늘에서 누나들이 '홀치기'라는 것을 하였다. 곁에 누워 있으면 "신암동에 사는 ○○○씨가 고향 마을의 ○○○에게 띄우는 편지입니다." 아나운서가 감미로운 목소리로 애틋한 사연을 전하고, 이내 노래 한 곡이 흘러나온다.

나는 그때 들었던 도회지의 동네 이름이 지금도 잊혀지지 않는다. 신암동, 대명동, 내당동, 삼덕동, 칠성동이라는 이름들이 도시의 생활을 꿈꾸도록 했다.

대구에 와서 살면서 라디오에서 들었던 동네 이름들은 내 환상에서 사라졌다. 그곳은 꿈꾸었던 마을이 아니었다. 비정이 몰려다니는 거리였고, 고달픈 삶의 현장이었다. 예전에 라디오에서 흘러나오던 아름다운 목소리가 현실을 감추고 나를 속였다는 것을 알았다. 험한 세파를 힘겹게 살아오면서, 사는 일이 현실이라는 사실을 뼈저리게 느끼면서 오늘까지 내 삶을 꾸려 왔다. 텔레비전의 연속극이 얼마나 허무맹랑한가를 절절이 깨달으면서 살았다. 저절로 텔레비전의 연속극에서도 멀어졌다.

그런데 노인이 된 지금의 나는 왜 다시 텔레비전 연속극에 빨려 들어가고 있을까?

지금은 생활에서 한 발 물러나서 노후를 즐기면서 살고 있다. 추억 속으로 헤집고 다녀 보면 오늘의 나는 그때와 너무 다르다. 텅 빈 호주머니로 하숙방을 뒹굴던 일이며, 친구도 변변히 사귀지 못하였던 소심함이 나의 젊은 시절을 어렵게 하였는가 보다. 공부에 절어서 살았다. 모범생이어서가 아니었다. 낙제를 해서는 안 되었기 때문이다. 시골에서 농사를 지어 학비를 보내 주는 어머니를 생각하면 낙제란 상상도 못할 일이었다. 내가 위로를 받는 것은 텅 빈 하숙방에서 뒹굴면서 멋진 백마를 탄 왕자가 되는 사랑을 꿈꾸면서, 환상 속을 헤매는 것이었나 보다.

텔레비전의 연속극에 나오는 주인공들은 젊었을 적 나보다 훨씬 더 어렵게 살아가면서도 예쁜 여자애와 멋진 사랑을 나누었다. 나는 학창 시절에 한 번도 가져 보지 못하였던 달콤한 이야기가 펼쳐진다. 다만 환상 속에서 꿈꾸던 일이었다. 더군다나 여자가 배신해도 절대로 변하지 않는 남자의 사랑을 보면 마음이 울컥할 때도 있다. 그런 일도 내게는 없었다.

현실에서는 일어날 수 없는 거짓인 줄 뻔히 알면서도 연속극을 보고 있다. 왜일까? 내가 한 번도 경험하지 못했던 일이 욕망이 되어서 내 가슴속에 똬리를 틀고 있었구나. 젊은이들이 꿈꾸었던 일은 미래에 대한 기대였지만, 지금의 나는 지난날에 대한 미련이 아닐까? 나이가 들어서 미래의 삶이 없어지니까, 지난날의 내 삶에서 가보지 않았던 길로 가보고 싶어하나 보다. 젊은 세대들은 노인네들이 연속극에 빠져드는 것을 현실감이 모자라는 영감탱이라고만 말하겠지. 그러나 인생의 황혼을 맞아 보면 내가 어떤 길을 걸었든 미련이 남기 마련이다. 젊은이들도 노년이 되면 그럴 것이다. 미련은 미련대로 가지면서 자기의 길을 열심히 걸어가는 것이 바로 삶이 아닐까? 미련이 있다고 하여 내가 잘못 살았다고는 생각하지 않는다.

확인

도무지 생각나지 않았다. 지하철역으로 바삐 걸어가던 걸음 속도가 점점 느려졌다. 현관문을 나서면서 '확인!'이라고 말을 하였는지, 하지 않았는지 도무지 생각나지 않았다. 약속 시간에 쫓겨서 '까짓거 문을 잠가겠지', 라면서 외출하였더니 불안이 하루 종일 나를 따라다니면서 괴롭혔다. 불안을 이기지 못해서 택시를 타고 집으로 돌아온 일도 있었다. 현관문은 잠가져 있었다. 잠겨 있는 날은 택시비가 아까웠지만, 확인을 하고 나면 하루 내내 불안에서 벗어날 수 있었다.

이런저런 경험들이 쌓이다 보니 조바심이 날 때는 되돌아와서 확인하는 것이 더 유리하다는 것을 알았다. 그래서 웬만하면 되돌아온다. 문은 잠겨 있어 나의 걱정은 기우였지만 마음 편히 하루를 보낼 수가 있다.

어쩐 일인지 요즘은 일상생활의 자그마한 일들은 깜박 잊어버리는 일이 잦다. 외출을 했다 늦게 집에 들어오면 "당신 화장실 불을 환히 켜 두었더라. 반드시 끄고 다녀라."는 아내의 꾸중 아닌 꾸중을 듣는다. "그랬었나. 또 깜박했네." 내 잘못을 순순히 인정한다. 그런데도 아내의 말투가 꾸중처럼 들려서 기분이 나빠지는 것도 사실이다. 곧잘 속으로 중얼거린다. '이렇게 꾸중하듯이 말해야 하나. 그런데도 다음에 또 화장실 불을 켜 둔다.

어쨌거나 요즘에는 일상의 일들에서 잊어버리는 것이 한두 가지가 아니다. 화장실 불을 켜놓는 것은 말할 것도 없고, 수도꼭지를 잠그지 않고 외출하여 욕조의 물이 넘쳐흘렀던 일이며, 텔레비전 틀어놓기, 선풍기가 하루 내내 바람을 쏟아내기 등등 손가락으로 꼽을 수도 없을 만큼 많다. 가장 많이 마주치는 것은 현관문 잠그기이다. 가스 불을 끄지 않은 것은 불안을 넘어 나를 공포 속으로 몰아넣는다.

셋째 주 토요일은 모임이 있는 날이라서 목욕탕에 반드시 가야 한다. 언제부턴가. 단골 목욕탕이 모임이 있는 토요일을 휴무

일로 정했다. 뻔히 아는 사실인데도 목욕탕 문 앞까지 가서 '아차! 오늘 휴무일이지.' 하고 돌아온 일이 한두 번이 아니다. 그날도 휴무일이라서 노인네의 낡아빠진 기억력을 투덜거리면서 되돌아왔다. 현관문을 여는 순간 금속이 달궈질 때 내뿜은 강한 열기가 훅 하면서 나를 감쌌다. 소스라치게 놀랐다. 불 위에 물을 끓이려 주전자를 얹어 둔 일이 생각났다. 부리나케 부엌으로 가니까 주전자 물은 모두 졸아 버렸고, 바닥은 까맣게 타들어가서 강한 열기를 내뿜고 있었다. 얼른 불을 껐다. 만약에 목욕을 하고 왔더라면……, 생각만 해도 소름이 끼친다.

시간은 하나의 작은 점만큼도 나와 같은 자리에서 머물지 않는다. 눈 깜짝할 사이에도 이미 저만치 뒤로 물러나버리므로써 나와는 만날 길이 없다. 시간은 언제나 과거로만 존재하고, 다가올 시간은 경험하지 않았기 때문에 낯설기만 하다. 시간은 모든 것을 삼켜버린다고 했다. 내가 경험했던 모든 사실을 싸안고 내 뒤로 도망을 가버린다. 내 경험도 시간에 안겨서 이미 저만치 뒤로 도망을 가버렸다. 목욕탕 문을 닫는 것도, 불 위에 물 주전자를 얹어 둔 것도 시간과 함께 사라졌기 때문에 기억속에 담겨지지 않았다.

우리가 시간을 붙잡아 두는 방법은 기억뿐이라고 했다. 하나의 점도 남기지 않고 흘러가버리는 시간도 기억에 갇히면 주머니 속에 든 나의 물건이 되어서 나에게 머문다. 현실의 시간이 아무리 멀리 도망을 가더라도 기억에 갇히면 시간은 나에게 내 경험을 모두 풀어 놓는다. 나이가 들수록 기억으로 붙잡아 두는 시간은 짧아지고, 기억 밖으로 사라져버리는 경험은 많아진다. 동년배 친구들을 만나면 기억하지 못해서 낭패했던 경험담이 자주 대화의 중심이 된다.

노인이 되면 가장 좋은 기억법은 메모라고 했다. 그렇지만 일상에서 기억 밖으로 빠져나가버리는 일이 너무 많기 때문에 일일이 메모하는 것은 불가능하다. 기억해 두어야 할 일이 있으면 그 앞에서 "확인!"이라고 소리 지르는 것이 좋은 방법이라는 것을 노인 생활 지침서에서 읽었다. 그대로 해 보았더니 꽤 효과가 있었다. 가스불 앞에서도 "확인!"이라고 소리 지르고 외출을 하였더니, 가스 불을 껐는지는 기억나지 않더라도 "확인!"이라고 소리친 것은 기억 속에 담겨 있다.

'아뿔싸' 이즘에 와서는 문을 잠궜느냐가 아니고 "확인!"이라고 소리를 질렀는지가 생각나지 않는다. 지하철역에서 기차를 기다리는 동안, 현관문 앞에서 '확인'이란 말의 여부가 도무지 기억나지 않는다. 나이가 늘어가는 만큼 그런 일이 더 많아졌다. 십 분이나 걸리는 집까지 터벅터벅 걸어오면서, 그래도 되돌아가서 확인하고 외출하는 것이 하루 내내 마음이 편하더라며 위로 겸 자조한다.

시지프스 신화

운동 삼아 시작한 아침 산책이 이십 년, 아니 삼십 년도 더 되었다. 도시의 생활이란 작은 공간 속에 갇힌 채 하루를 보낸다. 일상이라는 틀 속에서 삶을 꾸린다. 산책을 시작한 것은 칸트처럼 사색을 즐기려는 것이 아니고 건강을 지키려고 시작했다. 수십 년 지속하다 보니 산책이 일상이 되었다. 젊었을 적에는 생업이라는 삶의 공간으로 들어가는 일이 정말 싫었다. 그래도 가족을 꾸려 가야 하는 유일한 길이었으므로 좋고, 싫고의 선택이 아닌 그냥 나의 일상이었다. 산책이 그 자리를 떠맡았다.

일상은 버릇이나 같다. 영감탱이가 되어 은퇴 하니 쳇바퀴 같은 삶에서는 벗어났지만 일상이 된 산책은 여전히 쳇바퀴 같다.

아침에 일어나면 잠이 덜 깬 몸은 이불을 밀치고 일어나는 나를 끌어당긴다. 바람이 불거나 날씨가 거칠어지면 산책을 나가지 않을 이유가 되어 준다. 그렇게 이유를 찾아다니니까 나갈 수 있는 날씨인데도 핑계를 대고 주저앉아 버릴 때가 많다. 산책마저 나가지 않는 날은 하루 종일 집에서 지낸다. 오후만 되면 짜증이 나서 아침에 다녀오지 않은 일을 두고 후회한다.

아파트 뒤편으로 돌아서 박물관에 이르면 숲속의 오솔길에 이른다. 마르셀(잃어버린 시간에 나오는 주인공)은 두 개의 길을 두고 고민하지만, 나는 그런 고민은 하지 않는다. 박물관의 산책로인 오솔길은 외길이기 때문에 이 길이냐, 저 길이냐의 선택의 여지가 없다. 그러다 보니 어제도, 오늘도, 또 내일도 같은 일정을 되풀이할 뿐이다. 두 시간 가까이 걷다 보면 어느 날은 몸이 피곤하고 지루하게 느껴진다. 도중에 그만 집으로 돌아갈까 하다가도, 뭔가가 나를 붙잡는다. 일상이다. 일상이란 도중에 그만 두는 것이 아니기 때문에 지루해 하는 나를 끝까지 걷게 한다.

"신들은 시지프에게 끊임없이 바위를 산꼭대기까지 굴려 올리는 형벌을 과하였다. 그러나 이 바위는 그 자체의 무게로 말미암아 다시 산꼭대기에서 굴러떨어지는 것이었다. 무익하고 희망도 없는 일보다도 더 무서운 형벌은 없다고 신들이 생각한 것은 일리 있는 것이었다."

산책길이 지루하게 느껴질 때면 나는 '시즈프스 신화'를 떠올린다. 무익한 일이 아닌가, 라는 생각을 한다. 두 시간쯤 걷고 나서 피곤해질 즈음이면 집으로 돌아온다. 솔직히 말하자면 이 시간이 제일 즐겁다. 집으로 돌아가기 때문이 아니고 피곤하더라도 포기하지 않았음에 성취감을 느껴서이다. 그러나 내일이면 같은 길을 또 걸어야 한다. 오늘의 뿌듯함은 무의미해져 버린다. 시지프스 신화를 떠올리는 이유이다. 산책은 삶을 꾸리기 위해서 선택의 여지가 없는 방편이 아니다. 오늘로서 끝나는 일도 아니다. 내일 아침이면 또 되풀이해야 한다. '무익하고 희망 없는 일'처럼 느껴진다. 시지프스 신과 하나도 다르지 않다.

생업에 메달리던 젊은 날에는 매일 되풀이되던 일상이 지루하고 싫었지만, 가족을 위한다는 유익함이 버티게 해 주었다. 지금은 생업에서 손을 놓은 영감탱이가 되었으니 "무익하고 희망도 없는 반복"이 바로 나를 두고 하는 말처럼 들린다. 시지프스가 나의 관심을 끄는 것은 바위가 굴러서 다시 본래의 자리로 되돌아옴이다. 이것은 앞으로 향하여 나아가는 것이 아니기 때문에 정지의 반복이다. 제자리에서 같은 일만 끊임없이 되풀이하는 것이 영감탱이가 되고 난 뒤의 나이다. 나는 정지된 삶을 살고 있다. 시지프스가 바위를 밀어 올리듯이 하루를 시작하면 나는 같은 일을 시작한다. 같은 일을 되풀이하는 일이 신이 내린 형벌이라면 나는 형벌을 받고 있는 셈이다.

산책을 하면서 나는 많은 것을 생각한다. 돌을 밀어 올리기 위해서 땀 흘리며 힘을 쏟는 행위와 짐이 되는 돌과 시지프스는 하나이지, 서로 분리되어 있는 것이 아니다. 요즘에는 더위 때문에 샤워를 한다. 어제도 하고 오늘도 한다. 가장 더운 오후 시간에 되풀이하고 있다. 문득 이런 생각이 들었다. 시간은 흘러가기 때문에 오늘은 어제가 아니다. 샤워실에서 쏟아지는 물도 어제의 물이 아니므로 반복이 아니다. 시간이 다르고, 흐르는 물도 어제의 물이 아니기 때문에 새로운 일이다.

나는 산책을 하면서 많은 생각을 한다. 내가 쓴 작품의 구상은 거의가 산책길에서 나왔다. 그렇다면 어제의 산책과 오늘의 산책이 같지 않다. 다른 생각을 하면서 걷기 때문이다. 그렇다면 내일은 또 다른 날이다. 형벌로서의 반복이 아니고, 새로움을 추구하는 축복으로서 반복이다. 산책은 생각이 끊임없이 떠오르기 때문에 내일을 기대하도록 한다. 영감탱이에게 내일이 있다는 것은 커다란 축복이다. 그렇다. 나의 산책은 무의미한 반복이 아니다.

소설 쓰기

가족을 부양하면서 살아온 길이 문학과는 전혀 다른 길이었지만, 입버릇처럼 한 말이 "소설을 한 편 쓰고 싶다."였다. 초등학교 때부터 만화책이든, 동화책이든, 심지어는 어른이 보는 소설까지 손에 닿은 대로 읽은 탓에 소설가가 되고 싶다는 꿈을 막연히 가졌었다.

고등학교 일학년 때는 백일장에서 시를 써서 입상한 연고가 나를 문학 소년으로 만들었다. 문예반을 지도하던 원형갑 선생님께서 나더러 "시보다 산문이 더 좋다. 앞으로 산문을 쓰도록 하라."는 말이 용기를 주어서 막연히 문학 소년에서 소설가로 구체화해서 꿈꾸게 되었다. 그렇다고 하여 소설가가 되겠다는 다짐을 하고 매진한 것은 아니었다. 내가 쓴 소설을 사람들이 읽어 주고, 나를 "소설가다."라며 알아준다면 얼마나 우쭐한 기분일까, 라는 공상을 하면서 그냥 꿈만 꾸었다.

대학에 진학하면서 소설가의 꿈은 저절로 사라졌다. 낙제를 하지 않으려고 공부에 파묻혀 지내느라 좋아하던 소설을 읽을 시간도 없었으니까 꿈이 내게 머물 수가 없었다.

졸업을 하고, 전문의가 되고, 개인 의원을 개원하면서 좁은 진료실에 갇혀 살게 되었다. 시간의 여유가 생겼다. 진료를 하다 짬날 때마다 다시 소설을 읽었다. 그림책도 읽었다. 주로 세계 명작을 읽으면서 막연하나마 소설을 써 보고 싶었다. 막상 쓰려니 엄두가 나지 않았다. 수필은 쓸 것 같았다. 그때 나를 지도하고, 이끌어 주신 분은 한성대학교 총장님이시던 원형갑 선생님이었다. 선생님 덕택에 수필로 등단하고 수필 잡지에 글도 발표하였다. 그러나 아무도 나를 문인으로 알아주지 않는 것이 허전하고 실망스러웠다. 더군다나 수필집을 읽는 사람을 주변에서 찾아보기 어려웠다. 신문이나 방송에서도 베스트셀러 작가로 소설가를 많이 거론했다.

보건소에서 진료 의사를 마지막으로 생업에서 은퇴를 결심하니 길고 먼, 노후 생활이 기다리고 있었다. 노후 생활 설계에도 소설 쓰기는 들어 있지 않았다. 소설은 나에게 너무 어렵고, 능력 밖의 일이었다. 수필 쓰기는 내가 문학에 몸을 담을 수 있는 유일한 통로였다. 그렇더라도 은퇴 생활이란 것이 뚜렷한 방향이 설정되어 있는 것이 아니었으므로 막연히 소설을 써 볼까 하는 생각을 하기는 했다. 정말 생각만 하였을 뿐, 진짜 소설을 쓰겠다는 것은 아니었다.

대학원에서 미학 공부도 하였고, 수필 교실을 운영하느라 문학이론 책도 보았다. 수필 쓰기를 지도하면서 문장을 다듬는 공부도 하였다. 그래서인지 시간이 무진장으로 남아도니 심심풀이 삼아 소설이라도 써 볼까 하는 욕심이 꿈틀거렸다.

아내는 오랜 동안 서예를 하다 요즘에는 민화와 서각을 혼합하여 작품을 만든다. 민화의 화려한 색이 내 눈을 끌었다. 육십이 다 되어서 배운 민화 솜씨가 나를 탄복하도록 했다. 나도 늦었지만 소설 쓰기를 해 볼까 하는 용기가 생기도록 했다. 그러나 아내에게는 소설을 쓴다는 말을 하기가 쑥스러워서 수필만 쓴다고 시치미를 떼면서 몰래 소설을 써 보았다. 요즘은 아내도 작품을 만들려니 나이가 너무 들어 늦었다면서 회의에 빠지곤 한다.

나는 더러 아내를 위로하는 말을 한다.

"최근에 나온 노인 심리학 책을 보니까 예전과는 많이 다르더라. 예전에는 노인이 되면 심리 발달이 중지되어서 고집만 세어진다고 하더라, 심지어는 퇴행도 한다더라. 최근의 책에서는 노인도 무엇이든지 일을 함으로써 심리 발달이 일어나서 새로운 것에 도전하고, 실험도 하고……, 그러다 보면 노후의 긴 시간을 보람차게 보낼 수 있다더라. 내일에 죽든, 다음날에 죽든 뭔가를 한다는 것은 축복이야."

아내도 내 말을 수긍했다. 아내에게 용기를 주려고 한 말이지만 내 스스로가 용기를 잃지 않으려는 다짐이기도 하다. "까짓거, 나도 소설을 써 보자. 반드시 발표해야 하는 것은 아니잖아."

"다행히 발표할 기회가 오면 더 좋고. 아니면 그냥 본전이잖아."

틈틈이 모아 둔 자료가 있기는 했다. 몽유도원도에 발문을 남긴 이름은 당대에는 명성이 자자한 인물들이었다. 이들이 안평대군이 죽는 계유정난 때는 죽이는 자와 죽는 자로 나누어지는 것이 나의 흥미를 돋우었다. 갈등 구조를 만들 수 있을 것 같았다. 그래서 그들의 자료를 수집해 두었다.

하룻강아지 범 무서운 줄 모르고 두 달 만에 후다닥 써서 탈고 했다. 사람의 마음이란 참 묘한 것이다. 소설을 마무리하니까 공연히 아내에게 자랑하고 싶었다. "나 두 달 만에 소설을 썼다"고 실토해 버렸다. 말하고 나니 쑥스러워서 농담으로 얼버무리려 하였다. '이번에 남해군에서 작품 공모를 하더라, 상금이 자그마치 5,000만 원이래. 응모하여 상을 받으면 당신이 원하는 것이면 무엇이든지 해 주겠다. 그러면서 "노인도 꿈이 있어야 하는 거야. 그 꿈을 꾸기 위해서 응모하는 거야."라고 했다. 곁에서 손자 아이를 돌보고 있던 며느리가 "아버님, 며느리는 아무것도 없습니까?" 하였다. "그래, 너도 원하는 것을 해 줄게." 하고는 모두가 까르르 웃었다.

솔직히 말하자면 내가 소설가를 꿈꾸었을 청년 시절에 소설가로 등단하는 공상을 하면서 흐뭇해 하였던 심정은 지금도 여전하다. 내가 만약에 공모전에 입선하여 상금을 받는다면, 상금이 문제가 아니고 부러워하는 그 시선에 얼마나 기분이 좋아질까. 그럴 때를 생각하고 즐거운 기분에 젖어 마음껏 즐겨 본다. 그러나 이내 '아냐, 그냥 그렇다는 거지. 어찌 내가 입선을 하겠어.'라며 정신을 가다듬고 냉정해진다.

이 글을 쓰면서 내가 정말 상금을 받고 나서야 이런 글을 써야 하는 것이 아닐까 싶었다. 상금을 받을 일이 절대로 일어나지 않겠지만, 만약에, 정말 만약에 그런 일이 일어난다면 지금 쓰는 글과는 다른 투의 글을 쓰리라. 감격하고, 자만하면서 좀 더 뽐내는 글을 쓰려 하리라. 그러나 지금 쓰는 글이 노후를 보내면서 꿈을 가지고 어딘가에 도전하는 기분을 더 솔직하게 표현할 수 있으리라 싶다. 그래서 이 글을 쓴다. 어쨌거나 소년 시절의 꿈을 노인이 되어서 만지작거린다니 신기하다.

후일담이지만 나는 『도원에 부는 바람』이라는 소설을 써서 '신아출판사'에서 출판했다. 책은 많이 팔리지 않았지만 노년에도 꿈을 향해 나아간 것 같아 기분이 좋다.

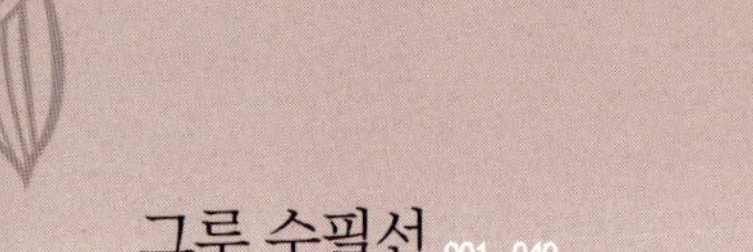

그루 수필선 001–040

001 김진태 수필집 『침묵의 향기』

002 정재호 수필집 『도시에 나온 촌닭』

003 이원성 수필집 『뜻을 잃은 언어들』

004 여영택 수필집 『시아재비』

005 장인문 수필집 『내 마음의 고향』

006 유병석 수필집 『구름개울의 무지개』

007 이재호 수필집 『갈잎의 노래』

008 박노익 수필집 『액운아 물렀거라』

009 최정석 수필집 『明鏡止水錄』

010 김규련 수필집 『종교보다 거룩하고 예술보다 아름다운』

011 김녹촌 수필집 『토함산 노랑제비꽃』

012 윤길수 수필집 『전등사의 여인』

013 임도순 수필집 『풀각시와 꼭두놀이』

014 김두희 수필집 『사랑의 이정표』

015 정혜옥 수필집 『우체국 앞을 지나며』

016 정재호 수필집 『한 꺼풀 벗기고 본 세상』

017 김규련 수필집 『소목의 횡설수설』

018 이복자 수필집 『엄마의 땅 아내의 땅』

019 김규련 수필집 『높고 낮은 목소리』

020 이주희 수필집 『쇠똥구리는 쇠똥구리로 살고』

021 공진영 수필집 『청진아재와 인절미』

022 정혜옥 수필집 『돌미나리를 찾아서』

023 이수복 수필집 『별빛 따라 꿈길 찾아』

024 김재식 수필집 『사랑과 낭만과 자유』

025 곽흥렬 수필집 『빼빼장구의 자기 위안』

026 제행명 수필집 『눈물이 웃음꽃 되어』

027 정재호 수필집 『그대에게 드리는 선물』

028 최해남 수필집 『굴뚝새가 그리운 것은』

029 허창옥 수필집 『길』

030 이재호 수필집 『석 장의 지폐』

031 이동민 수필집 『감각의 제국, 그 벽 속에서』

032 김규련 수필집 『귀로의 사색』

033 신재기 수필집 『침묵의 소리를 듣는다』

034 허정자 수필집 『작가의 방』

035 이정웅 수필집 『나무들이 들려주는 푸른 대구이야기』

036 전상준 수필집 『행복한 삶 아름다운 삶』

037 견일영 수필집 『아름다운 영혼』

038 김성복 수필집 『청산별곡』

039 김형규 수필집 『빨간 석류알』

040 박주병 수필집 『겁탈』